Easy Quick
EQ076

黃恆堉◎著

台中市五術教育協會 副理事長

大師教你論八字

推薦序

因為十幾年前的因緣，接觸五術的命與相，因而隨處與人結緣，當作與人互動的話題。

無心插柳在十八年後，又一個因緣再起，參與台中市五術教育協會，更加廣泛的研究五術，也因各大名師的聚集，有更多學習的機會。看了很多的五術著作，才知過去所學的八字不夠深入，而起了再學之心，在近兩年看了黃老師的多本著作後，突然覺得命理書籍並不難，跟以往所看過的命理書籍，顯然有很大的差別。

黃老師因過去曾參與行銷大學教育研究的講師訓練，在專業講師的訓練下，對表達及敘述部分能很詳細而有系統的解說，由淺而入深，而且配合文字和電腦以活潑與圖文並貌的方式來引導學生學習，因此在書本的編排上真是易懂易學，尤其在八字論斷表達上，得體又容易被接受，有如與人面對面對話般，讓人有親切感，因而獲得不同階層人士對八字學習的興

台中市五術教育協會　常務理事

陳明荷

趣！

以往黃老師所出版的幾本書也都受到好評，主要是因讓學生感覺不難學，所以有句話說得很貼切：「沒有教不會的學生，只有不會教的老師。」在這本八字初、中、高階的書問市前夕，我用很短的時間就看完手稿覺得很有系統且很好學，黃老師特邀我幫他寫推薦序，像這麼有親和力，整理資料功夫又這麼符合人性的老師要再度出書，當然很高興為他推薦。

黃老師在五術界的心願，是想開發更多的軟體，以輔助專業命理師，讓他們更得心應手來服務客戶，這種前瞻性的想法完全符合未來趨勢，也滿足六年級、七年級生的需求，因此黃老師的著作保證值得一看或收藏，黃老師可說是業界的奇葩。

祥荷坊易經開運中心　台中市五術教育協會　常務理事　陳明荷

0982-135944　網址 www.3913.com.tw

作者序

這十多年來聽到很多人在埋怨八字很難學，跟了三、五位老師學習後，都還不太懂怎麼論八字，探究原因是教材編排的問題，還有老師的表達能力以及論斷的步驟交代不清所致，當我知道一些作者寫書的缺點後，我將以前八字書籍編排的缺點改進，然後出了一本《學八字，這本最好用》，受到眾多讀者良好的反應，也獲得目前市面上反應最容易吸收的一本八字書，受到很大的迴響。

繼《學八字，這本最好用》造成熱賣後作者應眾多讀者要求能不能出一本更深入淺出且論斷功能更多的八字書，且又強調不能寫的太深奧，也要很容易懂，要很好學，又能馬上會批八字的參考書，讓想學八字的人看完了自然就會論八字，這實在是一大難題、於是著手整理這一本很實用的八字進階書來與讀者分享，希望對有興趣學八字的朋友不會因為八字難學而放棄。

黃恆堉

要學會批八字流年，可能需要一段時間，但最重要的關鍵點就是：當您需要從八字命盤中瞭解什麼事，怎麼看，從哪裏看時，該到書中哪裏找到論斷的資料，這可就不是那麼容易，如今有了這本書，幾乎可將您想要瞭解的部分，都能在這本書找到，因爲本書分類得很有系統，很易瞭解，讓您在學習八字的過程中可縮短學習時間，因爲時間就是金錢，您說對嗎？

作者本著功夫敢放、不隱藏、會什麼、就教什麼的理念來整理此書，只要您想學會八字批命，只要看這本就能搞定一大半喔！

坊間有80％的八字老師會看八字也會批八字，但可能不太會奇門遁八字，本書將毫不保留將奇門遁八字的方法公開，讓想學八字或已學了八字的人能夠因懂八字奇門遁而對命運改變有所幫助，來造福更多的人。

本書附贈八字批命、奇門改運軟體，讓您徹底瞭解您這一生中該如何來知命造運。本書從入門、中階、高階、批命、論命、改運，該讓讀者知道的，在本書中大約都可查到答案，讓我們學完八字後真正能知命而來造運，這也是我深入五術研究的期望及心願。

目錄

推薦序　陳明荷　2

作者序　黃恒堉　4

八字論命軟體（試用版）安裝說明　14

八字論命軟體功能簡介　14

第一章　什麼是八字推命學　21

第一節　標準的八字命盤　23

第二節　首先來談五行　25

第三節　接下來談天干　26

第四節　天干與天干間的對應關係如下　30

第五節　天干在八字命盤上的看法　31

第二章　如何開始排八字　61

　第一節　如何開始排年柱　63

　第二節　如何開始排月柱　66

　第三節　如何開始排日柱　68

　第四節　如何開始排時柱　74

　第五節　如何開始排大運及歲數　77

　第六節　排大運歲數如何起算　79

　第七節　如何安命宮，安命宮對照表　81

　第八節　安四柱八字十神一覽表　86

第六節　再來談地支相互關係　32

第七節　地支在命盤中的看法　46

第八節　如果有人問您出生年的天運五行屬？　48

第九節　二十四節氣爲什麼要背呢？　54

第九節　定八字格局（正格、變格）　92

第十節　八字中各種神煞排法及論法　108

第十一節　出生時的八字五行旺度　129

第十二節　十二長生的的定義　133

第十三節　「空亡」又是什麼？　144

第十四節　本命八字五行分數算法　152

第十五節　胎元、胎息之排法及應用　155

第十六節　八字身強、身弱算最簡單的判斷法　158

第三章　從八字的格局看個性及優缺點　161

第四章　如何用最簡單的方法來判斷一生之喜用神及忌神　171

第五章　以五行之旺度來判斷性情　189

第六章　一生顏色喜忌從哪裡看出來　193

第七章　一生中的幸運數字從哪裡得知　197

第八章　如何看待一生之姻緣桃花及婚姻狀況　201

第一節　首先來談：男命之異性緣及桃花與婚姻　202

第二節　男命得妻助之一般看法　205

第三節　男命夫妻宮之坐星看婚姻（以日支之吉凶神及十神來論）　207

第四節　男命可能會與妻不合者的命盤條件　209

第五節　來談談：女命之異性緣及桃花與婚姻狀況　213

第六節　女命在命盤中如何看感情婚姻　216

第七節　女性婚姻不佳的命格條件有哪些　218

第八節　一生中的什麼時候是戀愛之時機　222

第九節　一生中之什麼時候是結婚之時機　223

第十節　看日支的透干，再決定用什麼方式表達自己，以找尋對象　225

第十一節　以日支十神特性論配偶之性情爲何　226

第九章　如何從命盤中看出六親緣分及助力　229

目
錄

9

第一節 論祖上：看年柱 231

第二節 論父母：看月柱 231

第三節 論兄弟：看月柱 234

第四節 論子女：看時柱 236

第五節 子少或無子或子不得力者 239

第六節 判斷子女有多少之方法 241

第七節 論此生的外交機運狀況 243

第十章 論此生的貴人在哪一方 245

第十一章 論此生選哪一種行業最有發展潛力 249

第一節 以下是以喜用神中的十神來選行業 252

第二節 以其他條件論此生行業別 255

第三節 一生適合於什麼樣工作及位階 258

第十二章 論個人此生的最佳房屋座向在哪一方 261

第十三章　論個人此生的讀書運及考試運如何　271

第一節　論學歷　273

第二節　論考試　274

第十四章　如何從命盤中看出這輩子的財運及投資運　275

第一節　一生中比較會有錢之八字條件特徵　277

第二節　一生中的財富哪裏來如何從八字看出　279

第三節　一生中的發財與破財時機如何從八字看出　280

第四節　一生中比較會沒錢之八字條件特徵　281

第五節　以命局中之喜用神在四柱中之情況論財富　282

第十五章　如何從八字中看出這輩子的「大運狀況」　285

第一節　要斷某大運吉凶時，請直接看命盤之大運干支　288

第二節　以該大運走之干或支各代表是哪個十神會有什麼現象　290

第十六章　如何看出來這輩子中每年運勢如何　299

第十七章　如何從命盤看出來何時會有官非訴訟　307

第十八章　如何從命盤中看出來何時會犯意外血光　311

第十九章　該如何避掉流年12宮神煞的影響力呢？　315

第二十章　八字犯太歲或沖太歲或空亡如何解運？　321

第二十一章　本命八字空亡補運法（很重要）　325

第二十二章　轉運金牌「奇門遁八字」運用原理與法則　331

第一節　八字中有過多的正神（三個以上）　333

第二節　八字中有兩個（相同）或以上的偏神　335

第三節　八字中有缺正神者可補上一個正神（很重要）　337

第四節　空亡影響本命表運勢最大，如何運用轉運金牌來改變　339

第五節　如果要「求」文昌學問者，可用補正印或正官方式求得　341

第六節　流年凶神來合或來沖本命時，也可用轉運金牌來解決　343

第七節　「求」流年行大運，可搭配流年所需之十神來補運　345

第八節　地支有太多的花，馬，庫屬不佳命格，可用轉運金牌改變　347

第九節　男性求姻緣、桃花可用沖日支或補正財方式求得　349

第十節　女性求姻緣、桃花可用沖日支或補正官方式求得

第十一節　命盤中有過多沖、剋、合、害表示命格不佳，可用轉運金牌改　353

第十二節　由日元直接查出各天干及地支的十神代表字元　356

轉運金牌開光步驟與應用　358

八字論命軟體（試用版）安裝說明

1、電腦開至 WIN98 或 WIN2000 或 XP 的桌面上

2、將軟體光碟放入光碟機中會自動起動執行

本軟體不必安裝到電腦硬碟中

3、如不能自動安裝，請開啓我的電腦光碟機位置

4、按 setup（有藍色電腦圖示）

5、然後按照軟體指示開始操作軟體

謝謝指教

八字論命軟體功能簡介

不會安裝請電 TEL:04-24521393

八字論命軟體（專業版-96版）共有60多項論斷功能

本書所附贈之（試用版）軟體以下打✔之項目均可使用

A、八字基本資料與修改

B、基本命理分析

- ✓1、人生八大目標調查分析
- ✓2、八字基本命盤
- ✓3、八字基本命盤
- 4、八字命盤轉word檔
- 5、喜・用・忌神可由購買者修改
- 6、可由購買者自行修改命盤格局
- ✓7、性情優缺點及血型星座分析
- ✓8、個人特質神煞分析
- ✓9、個人一生之機遇分析
- 10、先天命運分析
- 11、一生關鍵之喜忌神論斷
- 12、一生喜忌顏色分析

13、一生中之幸運數字分析

14、健康狀況及先天宿疾

15、八字中帶有的疾病

16、婚姻對待及桃花私情

17、六親間的緣分與助力

18、一生較有緣之人士

19、論朋友緣分及合夥吉凶

20、論行住坐臥及貴人方位

21、先天之讀書運及考試運

22、出生嬰兒所犯之小兒關煞

C、個人理財機遇分析

23、十年大運各大運財運旺衰分析

24、每年（流年）財運運氣旺衰分析

D、投資理財分析

25、每年（流年）整體運氣細部分析

26、每月（流月）財運運氣旺衰分析

27、每日（流日）財運運氣旺衰分析

28、適合一生本命發揮之行業及建議上班較佳或做生意較好

29、在事業及工作上有何助力及阻力

30、依命盤分析何時進行投資計畫

31、流年吉凶剖析

32、流年有無官司是非檢查表

33、流年有無意外、血光檢查表

34、流年有無破財、損失防患表

35、流年姻緣、結婚時機掌握表

✔ 36、個人先天八字輕重一覽表

37、易經陽宅命卦流年吉凶建議表

E、開運制煞篇

39、如何鎮宅及防止意外、血光發生

38、如何調氣使人神清氣爽好運連連

陽宅

40、如何佈局，佈局好能催旺財運

41、如何淨化陽宅就能平安順利

✓ 42、本命八字五行欠缺或過多、如何補運

43、如何得知每一年的運勢強弱

✓ 44、如何才能催旺桃花、姻緣，讓感情順利

✓ 45、如何從命盤得知本命或行運空亡

46、如何診斷兩人姻緣吉凶及助力、阻力

F、特殊功能簡介

47、有農民曆之擇日功能隨時查閱以備不時之需

48、軟體已設計好封面（分直式、橫式）

49、只要套名字即可印出漂亮命書

50、本軟體所有解說均可修改或刪除也可

51、增加個人論斷且可存檔列印

52、剖腹生產擇日挑選功能（只需輸入預產期及男女別），免除人工挑選之麻煩

53、可選擇要不要區分早晚子時之排盤方式

54、客戶資料及內部資料可做備分防當機

55、可自行修改館號及內容，真正成為老師您自行開發的專業軟體

G、知命造運改變一生

✔ 56、以命盤的刑沖合害來論斷會有的現象

57、用命宮來論斷一個人的特性

八字論命軟體（試用版）安裝說明

58、論四柱及十二運星空亡之各種現象

59、以命盤五行之旺度來分析性情

60、用什麼方式表達自己以尋找對象

61、未來自己子女現象解析

62、以喜用神的十神來選行業別

63、一生適合什麼樣的工作及位階

64、每個大運會有什麼現象發生

65、每年會有什麼現象發生

66、每月會有什麼現象發生

✓68、出生後上大運該做什麼

69、一生中的財富演變預估

經過數百位老師親身印證都說讚，一個人的流年命書約可印出60～80張，保證論斷內容

最精實，保證論斷內容最淺顯，保證內行或外行都看得懂。

如果需要專業版軟體請洽04-24521393 吉祥坊易經開運中心 黃老師

第一章

什麼是八字推命學

八字就是每個人出生之年、月、日、時。

將出生年、月、日、時，套入公式就可得知八個字，含天干、地支各四個字，就叫八字。

至於八字的排法以及程序，下一章節就會細說分明。

個人認爲要真正學會批八字，如果不會用人工來排八字命盤，而唯靠用電腦來完成，要把八字學得精透，應是甚難如願。

所以本書當然就從最基礎的排盤結構概念開始介紹，一直到如何精論八字都會交代得很清楚，只要擁有本書就會讓您學會批八字的真正功夫。

至於八字命盤排出之格式每位老師大都有其格式，本書就以最簡單的排列格式來爲讀者一一說明。

首先來談排八字命盤需要用到哪些公式及條件

如果您從未接觸過八字論命，看到一張命盤，可千萬不要被嚇到，本書將命盤中的所有內容一一介紹，從如何推演以及各項內容如何解釋，將用深入淺出的方式做說明，讓您真正懂得排八字及論八字。

P1 這是一張標準的八字命盤

	時	日	月	年	
姓名 P1			性別	女	
西元	1955 年				
20	4	4	44	國曆	
20	12	3	44	農曆	
時	日	月	年	日期	
傷官	日元	偏財	比肩	主星	
丙火	乙木	己土 ←剋→	乙木 ←剋→	天干	
戌土	未土 ←合→	卯木 半三合→	未土 半三合→	地支	
丁辛戊 火金土	乙己 木火土	乙 木	乙丁己 木火土	藏干	
食七正 神殺財	比食偏 肩神財	比 肩	比食偏 肩神財	副星	
49-64	33-48	17-32	1-16	歲運	
事業家庭 人際關係 子孫學生 部屬員工	本人 外在個性	兄弟 姊妹 父親 朋友同輩	祖先父親 上司長輩 上流人士	由天干看	
事業家庭 人際關係 子孫學生 部屬員工	配偶 創業機運	本人 內在特性	母親 祖先司輩 上長	由地支看	

空亡：辰巳 辰巳
血型：A
忌神：木
用神：火金
体檢宅命：乾命
体檢地支：卯
体檢天干：乙
日干強弱：身強

6	5	4	3	2	1	流年
甲寅80	甲辰70	甲午60	甲戌50	甲申40	甲子30	3
乙卯81	乙巳71	乙未61	乙酉51	乙亥41	乙丑31	4
丙辰22	丙午72	丙申62	丙戌52	丙子42	丙寅32	5
丁巳23	丁未73	丁酉63	丁亥53	丁丑43	丁卯33	6
戊午24	戊申74	戊戌64	戊子54	戊寅44	戊辰34	7
己未25	己酉75	己亥65	己丑55	己卯45	己巳35	8
庚申26	庚戌76	庚子66	庚寅56	庚辰46	庚午36	9
辛酉27	辛亥77	辛丑67	辛卯57	辛巳47	辛未37	0
壬戌28	壬子78	壬寅68	壬辰58	壬午48	壬申38	1
癸亥29	癸丑79	癸卯69	癸巳59	癸未49	癸酉39	2
子丑	寅卯	辰巳	午未	申酉	戌亥	空亡

學八字必須先瞭解五行相生相尅之理，才有辦法來解盤。

首先，我們開始用最簡單的方式來呈現八字中的天干、地支中各字所代表的五行之互動關係，瞭解之後在論八字過程中就會比較有頭緒。

第二節　首先來談五行

五行就是木、火、土、金、水，在P1命盤中就會發現天干、地支下方中會有一些小字，那就是代表該字的五行，以下就是五行間的相互關係。

五行相生（圖一）
木生火、火生土、土生金、
金生水、水生木

五行相剋（圖二）
木剋土、土剋水、水剋火、
火剋金、金剋木

第三節　接下來談天干

天干就指甲、乙、丙、丁、戊、己、庚、辛、壬、癸，台語記憶協音法：甲、乙、丙、丁、有、一、天、承、認、鬼。天干與天干之間的關係，有天干五合。如下圖：

甲陽木←→己陰土→合化土

乙陰木←→庚陽金→合化金

丙陽火←→辛陰金→合化水

丁陰火←→壬陽水→合化木

戊陽土←→癸陰水→合化火

天干的五行就標示在甲、乙、丙、丁、戊、己、庚、辛、壬、癸下方。甲、丙、戊、庚、壬屬陽干，乙、丁、己、辛、癸屬陰干，為什麼要分陰陽呢？因為在論八字時，如碰到陽干剋陽干或陰干剋陰干，代表剋而無情，論事情時比較嚴重，如碰到陰干剋陽干，代表剋而有情，論事情時比較不那麼嚴重。

天干在方位上所代表：

甲乙屬木↓表示東　方＝＝也代表春季

丙丁屬火↓表示南　方＝＝也代表夏季

戊己屬土↓表示中央方＝＝也代表四季

庚辛屬金↓表示西　方＝＝也代表秋季

壬癸屬水↓表示北　方＝＝也代表冬季

接下來談論八字時，如遇上命盤中有天干五合時，會有什麼現象。

◎「甲己」合化土。為中道之合，為人安分守己且寬宏大量，凡事一切較為平順，為人較鎮靜，個性純僕，有愛護眾生之德。

甲日合己──甲己合土五常為信義。但木剋制土，土屬智，智被剋，所以為人重信義但缺乏智力。

己日合甲──己日合甲化土，為土之不足。陰土如不及必受甲木之剋制，故此人可能欠缺信義。

◎「乙庚」合化金，為人果斷敢衝，操守佳，很重義氣，進退有序重義氣，個性果決勇敢剛

健。

乙日合庚——為金之不足，金不及必受火制，金代表義氣，火代表禮節，故此人欠決斷力，而變成無福氣。

庚日合乙——為金之大過，唯金剋木，木代表仁慈，仁慈被剋，主人無慈悲心且常有誇大義氣之嫌。

◎「丙辛」合化水。為威嚴之合，主其人看起來儀表威武，人怕三分，性情酷酷的，有點好財物，一生較多風韻之事。

丙日合辛——為水之太過，唯水太旺必剋火。水代表智慧，火代表禮儀，禮儀被損，其倫理道德必亂。

辛日合丙——為水之不及，水不及必受土制，故此人比較不能用智慧，比較無大志氣。

◎「丁壬」合化木。為桃花之合，主其人眼睛看起有貴氣，神情頗有嬌氣，為人多情。一生命運吉凶參半，先榮後衰，先敗後興。

丁日合壬——為木之不及，木代表仁慈，木不及被金剋制，不能施展木之仁慈。故此人度量較狹窄，嫉妒心也較強。

28

壬日合丁——為木之太過，木強則會剋土，土代表信義被剋信義不保，故此人性情怪異，倔強易怒又無信用可言。

◎「戊癸」合化火，乃為無情之合，乃老陽合少陰，如老婦配少男或老男娶少婦，為事不相配之合。

戊日合癸——為火之太過，火旺剋金，故此人雖聰明，但貌似有情內心卻是無情，且其人多屬愛面族。火之太過主性急躁。

癸日合戊——為火之不及。火代表禮儀被水所剋，不能展現火之禮儀，故此人智能稍嫌低劣，做事有始無終，嫉妒心較強。

第四節　天干與天干間的對應關係如下

庚剋甲　辛剋乙　壬剋丙　癸剋丁　乙剋己

丙剋庚　丁剋辛　戊剋壬　甲剋戊　己剋癸

從上表得知：陽對陽、陰對陰才叫剋（沖

），也叫無情之剋。陽對陰、陰對陽叫有情之

剋，此種剋比較不嚴重，公式由（圖二）得。

30

第五節　天干在八字命盤上的看法

在P1的命盤中，發現年干【乙】與月干【己】呈相剋現象，由P1命盤下方看乙己的關係可研判，大致可判讀該員之兄弟姊妹可能與長輩或上司磁場或意見較不合。

同樣在P1中命盤發現月干【己】與日干【乙】呈相剋現象，由P1命盤下方看乙己的關係可研判，大致可判讀該員之兄弟姊妹與自己可能磁場或意見較不合。

如果要知道各柱中的六親對待，請看P1命盤中最下方解釋，【由天干看、由地支看】之各柱管事及事項。

第六節 再來談地支相互關係

地支就是子、丑、寅、卯、辰、巳、午、未、申、酉、戌、亥共十二個字。

以下就以地支間的相互關係來分析。

以十二地支所代表的生肖及五行分別為：

子→鼠→水

丑→牛→土

寅→虎→木

卯→兔→木

辰→龍→土

巳→蛇→火

午→馬→火

未→羊→土

申→猴→金

巳 四月	午 五月	未 六月	申 七月
辰 三月			酉 八月
卯 二月			戌 九月
寅 一月	丑 十二月	子 十一月	亥 十月

以十二地支所代表的月份

亥→豬→水

戌→狗→土

酉→雞→金

瞭解十二地支代表月份對批八字有何用處？不爲什麼，只爲讓別人知道我們有兩把刷子，如果有人考你：「我是未月生、那未月代表幾月？」當然就是六月，也代表夏天，五行也代表是夏天的土，當然在批八字就要靈活運用了。

以下（圖三）是地支三會局的圖：：

寅卯辰爲【東方木】、巳午未爲【南方火】。

申酉戌爲【西方金】、亥子丑爲【北方水】。

三會局所合化的五行是喜用神或忌神影響力量很大，在做命盤論斷時是一個重要參考

圖三

南方
火

西方
金

東方
木

北方
水

巳	午	未	申
辰			酉
卯			戌
寅	丑	子	亥

快速記憶法，記憶不好的朋友可以用諧音法多唸幾次，保證記得起來，用台語唸「寅卯辰」將它記成【是蒼蠅】，「巳午未」將它記成【是我胃】，「申酉戌」將它記成【眞夭壽】，「亥子丑」將它記成【孩子醜】。

所謂地支三合：就是（圖三）中相差四位之宮

寅午戌合化【火局】、巳酉丑合化【金局】

申子辰合化【水局】、亥卯未合化【木局】

經合化後的五行是喜用神或忌神，在批命時就是一種重要的參考。

所謂地支半三合就是：三合少一個字

寅午合化【火局】、巳酉合化【金局】　午戌合化【火局】、酉丑合化【金局】

申子合化【水局】、卯未合化【木局】　子辰合化【水局】、亥卯合化【木局】

經半三合合化後的五行是喜用神或忌神，在批命時就是一種重要的參考。

就以P1命盤來看，卯未合化【木局】而木又是該員之忌神，像這樣的合化是較不利的，

因為合化後的五行是比劫，比劫是代表會來劫財星的喔（表示會破財）。

以地支六合談‥（圖三）中橫方向相臨或相對之兩宮。

子丑合化【土局】、寅亥合化【木局】

卯戌合化【火局】、辰酉合化【金局】

午未合化【火局】、巳申合化【水局】

經合化後的五行是喜用神或忌神，在批命時就是一種重要的參考。

什麼是地支六沖‥（圖三）中相差六宮。

子午沖、丑未沖、寅申沖、卯酉沖、辰戌沖、巳亥沖。

在本命盤中之年、月、日、時犯沖時會有什麼現象。

【沖】（地支）

	6	5	4	3	2	1
時	*	*	*	*		
日	*		*		*	
月		*	*			*
年			*	*	*	*

1. 本身與長輩、長官間有一種莫名其妙的感覺，總是很煩，可能會少小遠離祖業，不居住在鄉里。

2. 與祖父母、父母薄緣（有代溝，較談不來），配偶會因長輩的行為或言語而鬱悶很久。

3. 個性較衝粗暴，一生多倒楣事情發生。

常碰到倒楣之事及不如意的事。女人的月支是「緣分宮」，逢沖，容易有婚姻不佳之象，或與公公婆婆較合不來。夫妻相處佳，總是很不順心，也常常惹對方生氣。

4. 長上與子孫、上司與部屬間有一種相互虧欠、恨鐵不成鋼的感覺，真的需要好好溝通。

5. 本人與子女或部屬間的認同度不夠，因此會產生敵對的心態。

6. 夫妻間較易吵鬧，對孩子較衝也較不理性（性生活較不協調，嗜好也不同，兒女少）。配偶與子女及事業上的看法不一致而很鬱悶。

◎無論何支，若沖月支或日支：大多不居住在父母老家。

◎天干相同、地支相沖：做事徒勞無功，祖業有可能不保喔；如丙子沖丙午、乙巳沖乙亥。

◎十神之沖：食神逢沖，幼年時，母親身體衰弱，無乳；正財被沖，為了生活多處心積慮，創業營謀艱辛；正官被沖，較難生官，事業不順。

日支被沖，而他支有合者，一生較勞苦，也容易招染桃花正官；七殺被沖而食神有支合者，不靠丈夫靠兒女；四柱中正偏印多，四柱又有刑沖，無食神、傷官者，生活多陷於寂寞無助。

沖代表犯沖，在批命盤時大都以不佳論，但在論月令或事業時，沖不見得是不好喔。

再談地支六害：（圖三）中直方向對應的兩宮

子未相害、丑午相害、寅巳相害、卯辰相害、酉戌相害、申亥相害，害代表無助力，在批命盤時大都以不佳論，但要看所影響宮位↓

那地支相刑又是什麼？

辰辰相刑、午午相刑、酉酉相刑、亥亥相刑、子卯相刑、寅巳申相刑、丑未戌相刑，刑代表有損害，在批命盤時大都以不佳論，但要看所影響宮位↓

至於八字的刑、沖、合、害在命盤上會有什麼現象詳解，請參考作者另一本著作《學八字，這本最好用》（知青頻道出版，有更詳細說明）。

在此稍做解釋，只要您在命盤上看到有刑、沖、合、害時，大約可直接論斷該員會有以

下現象。因背文字不好背，所以我就用圖像快速記憶法來增強各位的右腦便於快速記住，以下就採用諧音記憶法來幫助各位記憶。

子丑合（孩子醜）…夫妻間好溝通，有話講，較顧家。

卯戌合（冒死）…比較愛面子，注重外表，顧家，外強內柔。

寅亥合（他很壞）…在先天的磁場上比較重視倫理道德。

辰酉合（沉油）…在先天的磁場上比較積極，但比較沒有定性。

午未合（有味）…在先天的磁場上比較積極，天生脾氣不好，做事重感覺。

巳申合（失身）…有很多事會聰明反被聰明誤，是屬無恩之刑。

申子辰合水（猴子）…在思想變化上很快也很聰明，但較冷漠。

寅午戌合火（虎馬）…看來做事效率高，執行力好，熱情有禮。

亥卯未合木（豬毛）…比較會有不切實際的想法，較有夢想（白日夢）。

巳酉丑合金（蛇油）…為人較會強出頭，較會有血光之災，且會包裝自己。

寅申（馬）（銀身）…要注意車關，不要開快車，適合外務，對人付出人家不太會感激。

巳亥（馬）（柿壞）：較會有車關，口才好，比較會得理不饒人，（會鑽），適合外務。

子午（花）（子無）：個性極端，反覆不定，桃花動，人緣好，生氣時會抓狂，感情困擾。

卯酉（花）（毛油）：第六感強，目色好，桃花動，人緣好。長輩緣好，憑直覺做事。

辰戌（庫）（臣死）：個性不好，脾氣難以控制，較會自圓其說，庫衝破，財就守不住

丑未（庫）（仇爲）：打破沙鍋問到底，較會查行蹤，庫衝破，錢財守不住，漏財。

子未害（鼠羊）：個性極端，容易犯小人，親子之間較早分離。

丑午害（牛馬）：耐性差，脾氣不好，容易生氣。

寅巳害（虎蛇）：無恩之刑是非多，易犯小人，在家裡待不住。

卯辰害（兔龍）：容易被扯後腿，兄弟姊妹無助，易遭親人相害。

酉戌害（雞狗）：容易被好朋友扯後腿，易遭親人相害，弄得雞犬不寧。

申亥害（猴豬）：是非多，容易遇有小人，挫折感重，受不了刺激。

無禮之刑【子卯】（禮貌）…自命清高（眼光高），說話直接，較沒禮貌（沒大沒小），自以為氣質好。

恃勢之刑【寅巳、巳申、申寅】（大官）…無人賞識，做事易被人嫌棄，替人打天下，任勞任怨，愛恨交加。

無恩之刑【丑戌、戌未、未丑】（兄弟）…太自信，自負欠考慮，憑感覺投資。虧錢機率高，看不見卻不斷流失。

自刑【辰、午、酉、亥】：

◎辰辰（臣臣）…要別人聽自己，但事與願違而自鬱，做事直接，但有遠見。

◎亥亥（害害）…較會無理取鬧，歇斯底里，悲觀，總是想說我比別人認真，為什麼比別人歹命，喜用頭腦，卻多愁多煩事，易想太多。

◎午午（無無）…常常事與願違，以禮相待則好溝通。

◎酉酉（有有）…常常想幫助別人，但卻得不到認同，真是鬱悶，常幫倒忙，卻熱心、多慮。

以上之解釋如果背起來，當您在做命盤分析時就會有很多話題可談了。

第七節　地支在命盤中的看法

五行分布圖

- 水：比肩　劫財　11
- 木：傷官　食神　10
- 金：偏印　正印　21
- 火：偏財　正財　01
- 土：七殺　正官　01

体檢天干：壬
体檢地支：巳
体檢宅命：坎命
用神：木　土
忌神：水　金
血型：A
空亡：子丑辰巳（七：子丑辰巳）

姓名	P2			性別	男
西元	1981 年				
20	24	5	70		國曆
20	21	4	70		農曆
時	**日**	**月**	**年**		**日期**
偏印	日元	劫財	正印		主星
庚金	壬水	癸水	辛金		天干
戌土	寅木	巳火	酉金		地支
←半三合→（申）	刑害	←半三合→			
丁辛戊 火金土	戊丙甲 土火木	庚戊丙 金土火	辛 金		藏干
正正七 財印殺	七偏食 殺財神	偏七偏 印殺財	正印		副星
49-64	33-48	17-32	1-16		歲運
事業家庭 人際關係 子孫學生 部屬員工	本人 外在個性	兄弟姊妹 父親 朋友同輩	祖父先親 上司長輩 上流人士		由天干看
事業家庭 人際關係 子孫學生 部屬員工	配偶 創業機運	本人 內在特性	母祖親先 司上長 長輩		由地支看

流年表

6	5	4	3	2	1	流年
甲寅54	甲辰44	甲午34	甲申24	甲戌14	甲子4	3
乙卯55	乙巳45	乙未35	乙酉25	乙亥15	乙丑5	4
丙辰56	丙午46	丙申36	丙戌26	丙子16	丙寅6	5
丁巳57	丁未47	丁酉37	丁亥27	丁丑17	丁卯7	6
戊午58	戊申48	戊戌38	戊子28	戊寅18	戊辰8	7
己未59	己酉49	己亥39	己丑29	己卯19	己巳9	8
庚申60	庚戌50	庚子40	庚寅30	庚辰20	庚午10	9
辛酉1	辛亥51	辛丑41	辛卯31	辛巳21	辛未11	0
壬戌2	壬子52	壬寅42	壬辰32	壬午22	壬申12	1
癸亥3	癸丑53	癸卯43	癸巳33	癸未23	癸酉13	2
子丑	寅卯	辰巳	午未	申酉	戌亥	空亡

地支在命盤中的看法

就以P2命盤來看

從命盤中看出年支【酉】與月支【巳】呈半三合的現象，由這兩個字得知，本人內心裏跟長輩、長官磁場較相近。

巳酉丑合金（蛇油）：為人較會強出頭，較會有血光之災且會包裝自己。

從命盤中看出月支【巳】與日支【寅】呈刑害的現象，由這兩個字得知，本人內心裏對配偶意見上不敢苟同，以及助力上也不大。

寅巳害（虎蛇）：無恩之刑是非多，易犯小人，在家裏待不住。

從命盤中看出日支【寅】與時支【戌】呈半三合的現象，由這兩個字得知，配偶與晚輩或子女緣分及磁場較契合（因寅、戌中間差午，所以此種現象比較不明顯）。

寅午戌合火（虎馬）：看來做事效率高，執行力好，熱情有禮。

至於地支的刑沖合害等在本命盤上會有什麼現象，請參考作者另一本著作《學八字，這本最好用》90頁，有更詳細說明。

第八節　如果有人問您出生年的天運五行屬？

就用納音掌訣來算

庚辛土

戊己火

丙丁水

甲乙金

壬癸木

圖四

納音掌訣就是用來運算六十甲子之五行（俗稱天運五行，出生時當年之天運五行）。

（圖四）中各天干所代表的落點五行已標出，如果算到最後落點是在戊己，那天運五行

就是火。

要算出個人天運五行，需先瞭解自己生年的天干與地支，然後將子丑、寅卯、辰巳、午未、申酉戌亥兩字為一組套入（圖四）中的年干位置，再以三組為一循環，直接算至自己的年支，就是個人的天運五行。

舉例一：某人出生年之干支為丁酉年。

先將子丑兩字為一組放入（圖四）中的丙丁位（因為天干為丁），然後以丙丁、戊己、庚辛為一循環算至地支酉位，首先將子丑放丙丁寅卯放戊己、辰巳放庚辛、午未放丙丁、申酉放戊己，最後落入戊己位置，得知丁酉年出生五行為「火」。

舉例二：某人出生年之干支為戊戌年。

先將子丑兩字為一組放入（圖四）中的戊己位（因為天干為戊），然後以戊己、庚辛、壬癸為一循環算至地支戌位，首先將子丑放戊己、寅卯放庚辛、辰巳放壬癸、午未放戊己、申酉放庚辛、戌亥放壬癸，最後落入壬癸位置，得知戊戌年出生五行為「木」。

就以P2命盤來看：該員是辛酉年，請將子丑為一組放到庚辛位，然後以三組為一循環（庚辛、壬癸、甲乙），子丑放庚辛、寅卯放壬癸、辰巳放甲乙、午未放庚辛、申酉就放壬

癸……因該員是酉年，所以壬癸這組就屬木，天運五行就屬木。

知道個人天運五行後，就可以運用天運五行來跟四柱或流年做比對，則可算出吉凶了。

為什麼要知道個人的天運五行呢？因為在批八字時有其參考價值。

可以用出生之天運五行或每年的天運五行去對應本命四柱及大運或流年、流月，或流日干支就可論出一片大道理了，如果本命四柱及大運或流年、流月，或流日干支與天運五行呈相生現象，大可以吉論，如果呈相沖或相剋，則以凶論。

用年轉換成天干、地支

大多數的人只知道出生年是民國幾年而不知道該年的天干、地支，以下就跟各位說明簡單的年干支換算法。

天干算法：將民國出生年之個位數減去2，「餘數」就是年天干，請對照表格。

餘數	1	2	3	4	5	6	7	8	9	0
天干	甲	乙	丙	丁	戊	己	庚	辛	壬	癸

地支算法：將民國出生年除以12，「餘數」就是年地支，請對照表格。

餘數	地支
1	子
2	丑
3	寅
4	卯
5	辰
6	巳
7	午
8	未
9	申
10	酉
11	戌
12	亥

例：民國47年生人

7-2=5→年天干=戊

47/12=3餘數=11　11→年地支=戌

所以47年為戊戌年

例：民國51年生人

1-2=-1　不夠減2所以要借10　11-2=9　→年天干=壬

51/12=4餘數=3　3→年地支=寅

所以51年為壬寅年

例：民國52年生人

2-2=0→年天干=癸

52/12=4餘數=4　4→年地支=卯

所以52年為癸卯年

用天干、地支轉換成民國幾年

例：有一個人出生是戊戌年，如何轉成民國年。

個位數算法：將天干（戊5）加2＝年的個位數，5（戊）＋2＝7。

天干	甲	乙	丙	丁	戊	己	庚	辛	壬	癸
餘數	1	2	3	4	5	6	7	8	9	0

十位數算法：將地支(戌11)定為分母，一直加12的倍數直到個位數是7。

地支	子	丑	寅	卯	辰	巳	午	未	申	酉	戌	亥
餘數	1	2	3	4	5	6	7	8	9	10	11	12

以戊戌年為例

將天干（戊5）加2＝民國幾年的個位數，（戊5）加2＝7

將地支（戌11）定為分母，一直加12的倍數直到個位數是7

11＋12＋12＝47，加3次12再加分母11剛好＝47，個位數是7，符合條件

所以戊戌年＝47年次

以壬寅年為例

將天干（壬9）加2＝民國幾年的個位數，（壬9）加2＝11，超過十取個位數，所以取1

將地支（寅3）定為分母，一直加12的倍數直到個位數是1

3+12+12+12＝5，加4次12再加分母3剛好＝51，個位數是1，符合條件

所以壬寅年＝51年次

第九節 二十四節氣為什麼要背呢？

為什麼要瞭解節氣、因為排八字命盤需要考慮節氣，排八字命盤之年月歸屬是以節為換算基準，而不是看氣，有很多讀者常會犯錯，以氣為基準或是以萬年曆中的月份格子為基準，這是不對的，排命盤時該特別注意。至於每年或每月幾號該換節氣，請參考萬年曆就有詳細說明。

月建	月份	節	氣
寅月	1月	立春	雨水
卯月	2月	驚蟄	春分
辰月	3月	清明	穀雨
巳月	4月	立夏	小滿
午月	5月	芒種	夏至
未月	6月	小暑	大暑
申月	7月	立秋	處暑
酉月	8月	白露	秋分
戌月	9月	寒露	霜降
亥月	10月	立冬	小雪
子月	11月	大雪	冬至
丑月	12月	小寒	大寒

54

《二十四節氣之各節氣名稱含義》

◎立春—感覺春天開始了。

◎雨水—春天到了有小雨綿綿的感覺，因冰雪漸漸溶化成水。

◎驚蟄—天空中有時會打雷，因而驚嚇冬眠之昆蟲，有的會爬出地面。

◎春分—春天已過了一半。

◎清明—天氣看起來有晴朗舒暢的感覺，又是春暖花開，真是好風景。

◎穀雨—農夫已開始插秧種田了，也祈求天公下雨來滋潤穀物。

◎立夏—夏天開始了。

◎小滿—所播種的稻子及穀物已慢慢結滿豐實的果子。

◎芒種—所播種的穀物已長出鮮嫩的芽了。

◎夏至—夏天已過一半。

◎小暑—天氣漸漸感覺有點熱的樣子。

◎大暑—天氣漸漸感覺更加熱了。

◎立秋—感覺秋天開始了。

處暑─天氣還處在充滿熱氣的感覺之中。

◎白露─秋天的氣息漸漸濃，但在早晚都會有露水。

秋分─秋天已過一半。

◎寒露─天氣感覺到寒意漸漸濃起來，夜間時有發現較多露水。

霜降─秋天將要過了，外面的露水有的將要結霜。

◎立冬─冬天開始了。

小雪─氣候漸漸寒冷，外面會下點小雪。

◎大雪─大寒的天氣已紛飛。

冬至─冬天已過一半。畫最短、夜最長。

◎小寒─快到了下雪期間，氣候感覺有點寒冷。

大寒─氣候到了嚴寒之時。

以上有◎的叫作節，沒有叫氣，排四柱八字時是以節做轉換基準。

巳 立夏 小便滿	午 馬殺雞 夏至	未 小便 大便	申 立秋 處死
辰 墳墓 稻穀			酉 白露 秋分
卯 鏡子 春分			戌 骨頭 含峰霧
寅 立春 雨水	丑 小寒 大寒	子 大雪 冬至	亥 立冬 小雪

「二十四節氣之各節氣名稱含義」運用快速記憶法來記

一月份寅（老虎）◎立春——。雨水——。老虎◎站立在灑尿像雨水那麼大。

二月份卯（兔子）◎驚蟄——。春分——。兔子◎站在鏡子前春分。

三月份辰（龍）◎清明——。穀雨——。龍◎在墳墓上吃稻穀。

四月份巳（蛇）◎立夏─。小滿─。蛇◎被罰站站嚇到小便滿起來。

五月份午（馬）◎芒種─。夏至─。馬◎去馬殺雞茫舒舒，被抓包嚇一跳。

六月份未（羊）◎小暑─。大暑─。羊◎站著小便後又大便。

七月份申（猴子）◎立秋─。處暑─。猴子◎直直站立要被處死。

八月份酉（雞）◎白露─。秋分─。雞◎露出白色羽毛又分開一半。

九月份戌（狗）◎寒露─。霜降─。狗◎很寒冷又發抖，因為外面在下霜。

十月份亥（豬）◎立冬─。小雪─。豬◎站立不動在玩雪。

十一月份子（老鼠）◎大雪─。冬至─。老鼠◎在大雪山被凍死了。

十二月份丑（牛）◎小寒─。大寒─。牛◎在牛棚小聲喊，然後又大聲喊。

如果還不熟，請上網站觀看線上教學影片或下載影片　網站www.abab.com.tw

瞭解了排八字所需要的條件和命盤所有的格式及五行所代表的意義後，接下來就必須知

道從什麼地方開始將命盤中的每一項答案找出來，那就是八字排盤，以下就開始來排八字。

水 15　比肩 劫財 2 0
金 8　正印 偏印 0 1
木 11　食神 傷官 0 1
火 16　正財 偏財 2 1
土 10　正官 七殺 0 1

出生後 4 年 3 個月又 9 天交大運

天運五行：火
胎息：丁未
胎元：戊寅
命宮：癸未
格局：建祿格
血型：A
空亡：寅卯申酉
用神：水金
喜神：木
忌神：火
星座：射手座

姓名	P3		性別	女
西元		1965 年		
20	24	11	54	國曆
20	2	11	54	農曆

時	日	月	年	日期
偏印	日元	正財	傷官	主星
庚 金	壬 水	丁 火	乙 木	天干
		←合→		
戊 土	午 火	亥 水	巳 火	地支
	←半三合→		←沖→	
丁辛戊 火金土	己丁 土火	甲壬 木水	庚戊丙 金土火	藏干
正正七 財印殺	正正 官財	食比 神肩	偏七偏 印殺財	副星
冠帶 49-64	胎 33-48	臨官 17-32	絕 1-16	十二運星
魁華天紅 罡蓋德鸞 合	將飛桃亡 星刃花	劫祿血歲 煞神刃破	亡天月天 神乙破德 貴貴 人人	特星神煞

75 — 84 乙未	65 — 74 甲午	55 — 64 癸巳	45 — 54 壬辰	35 — 44 辛卯	25 — 34 庚寅	15 — 24 己丑	5 — 14 戊子	大運

104 (51歲)	101 (48歲)	98 (45歲)	95 (42歲)	92 (39歲)	年
乙未 傷官 正印	壬辰 比肩 七殺	己丑 正官 正財	丙戌 偏財 七殺	癸未 劫財 正印	干支
喪門	病符	白虎	小耗	喪門	神煞
105 (52歲)	102 (49歲)	99 (46歲)	96 (43歲)	93 (40歲)	年
丙申 偏財 偏印	癸巳 劫財 偏財	庚寅 偏印 食神	丁亥 正財 比肩	甲申 食神 偏印	干支
太陰	太歲	福德	歲破	太陰	神煞
106 (53歲)	103 (50歲)	100 (47歲)	97 (44歲)	94 (41歲)	年
丁酉 正財 正印	甲午 食神 正財	辛卯 七殺 傷官	戊子 七殺 劫財	乙酉 傷官 正印	干支
五鬼	太陽	天狗	龍德	五鬼	神煞

第二章

如何開始排八字

八字「命造」，乃是將人的出生年、月、日、時查萬年曆而成，當然手上需備有一本萬年曆。

排出來的八字共有四柱：第一柱為年柱干支，第二柱為月柱干支，第三柱為日柱干支，第四柱為時柱干支，一般都是先排年柱，其次月柱、日柱，再排時柱。

在P3表格中

第一柱　乙巳　稱年柱──是看幼年、少年情況，也代表「祖先」、「長輩」的狀況。

第二柱　丁亥　稱月柱──是看青年、成年情況，也代表「父母」、「兄弟」的狀況。

第三柱　壬午　稱日柱──是看壯年、中年情況，也代表「本身」、「配偶」的狀況。

第四柱　庚戌　稱時柱──是看晚年、老年情況，也代表「子息」、「事業」的狀況。

第一節　如何開始排年柱

年柱之交界是以「立春」（節）爲分界。

在「立春」之後者，算今年的干支。

在「立春」之前者，算去年的干支。

要排四柱八字一定要有一本萬年曆來查閱每年、每月、交節氣正確的日期、時辰、分秒。

例如民國五十四年交「立春」的時間是：

國曆二月四日辰時8時47分，

即陰曆正月初三日辰時8時47分。

在立春前（即陰曆正月初三日辰時8時47分之前）出生的人，要算是去年民國五十三年「甲辰」爲其年柱。

在立春後（即陰曆正月初三日辰時8時47分之後）出生的人，要算是今年民國五十四年「乙巳」爲其年柱。

第二章　如何開始排八字

63

為什麼會這樣？請查萬年曆就知道。

以P3命盤舉例說明：

㈠有一個人的出生年月日是陰曆54年11月2日20時（國曆：54年11月24日20時），其八字年柱命盤為何？

如果手上有萬年曆，請直接查萬年曆：該員是在立春後（即陰曆正月初三日辰時8時47分之後）出生的人，要算是今年民國五十四年「乙巳」為其年柱。

也有一種簡單的年干支換算法如下：

天干算法：將民國出生年之個位數減去2，「餘數」就是年天干，請對照表格。

地支算法：將民國出生年除以12，「餘數」就是年地支，請對照表格。

例：民國54年生人

天干	餘數
甲	1
乙	2
丙	3
丁	4
戊	5
己	6
庚	7
辛	8
壬	9
癸	0

地支	餘數
子	1
丑	2
寅	3
卯	4
辰	5
巳	6
午	7
未	8
申	9
酉	10
戌	11
亥	12

每年的立春大約是在國曆的2月4日或5日（大概錯不了）。

此種方法有缺點，因為出生在國曆一、二月的人並不知道交節氣（立春）了沒。

所以47年為戊戌年

47/12＝3餘數＝11 11→年地支＝戌

7-2＝5→年天干＝戊

例：民國47年生人

所以54年為乙巳年

54/12＝4餘數＝6 6→年地支＝巳

4-2＝2→年天干＝乙

第二節 如何開始排月柱

(一)排月柱時就需用五虎遁歌訣來作標準架構

甲己之年從丙算、乙庚之年從戊算、

丙辛必定從庚起、丁壬就輪壬起始、

戊癸當然就從甲開始。

天干\月份	甲己	乙庚	丙辛	丁壬	戊癸
1月 寅	丙寅	戊寅	庚寅	壬寅	甲寅
2月 卯	丁卯	己卯	辛卯	癸卯	乙卯
3月 辰	戊辰	庚辰	壬辰	甲辰	丙辰
4月 巳	己巳	辛巳	癸巳	乙巳	丁巳
5月 午	庚午	壬午	甲午	丙午	戊午
6月 未	辛未	癸未	乙未	丁未	己未
7月 申	壬申	甲申	丙申	戊申	庚申
8月 酉	癸酉	乙酉	丁酉	己酉	辛酉
9月 戌	甲戌	丙戌	戊戌	庚戌	壬戌
10月 亥	乙亥	丁亥	己亥	辛亥	癸亥
11月 子	丙子	戊子	庚子	壬子	甲子
12月 丑	丁丑	己丑	辛丑	癸丑	乙丑

排月柱要注意出生當天有沒有跨該月之節，如未到當月之節，就要算上個月的天干、地支（有很多人算錯，要特別注意）。

(二)一個人的出生年月日是陰曆54年11月2日20時生，其八字命盤月柱為何？查萬年曆得知，因11月2日尚未交11月令，所以月要算10月令（丁亥），請看上表得知，11月應該是戊子月，那為什麼要算丁亥月呢？因為11月2日尚未交到11月的節令，要到11月15日申時才交子月，才能算戊子月。

第三節 如何開始排日柱

查【萬年曆】即知日柱的天干地支。

出生年月日陰曆是54年11月2日20時生，其八字命盤日柱為何？查「萬年曆」即知，2日之干支為壬午日。

用另一種方法也可算出日柱的干支喔。

五十分鐘背會一本萬年曆，不用萬年曆也可知道每天的天干、地支喔。

學過八字的人一定都知道排八字年柱、月柱、時柱都可推算出來，唯一日柱就一定得查萬年曆才可知道，全國的命理師也都想不出推算日柱的方法，本人就以運用快速記憶法來解開千年不傳之方法。

用以下之表格可查出一～二○○年每日的天干地支都可從表中查出。

ok。

此表之公式由民國元年到民國一百一十二年的每日天干地支背出來，如要學會快速記憶兩百年之每天的天干、地支記憶法，請購買一片 DVD 教學片，保證您一定會學會此項方法，以下為簡表可當查詢用。

PS：如學會超記憶也可以不用看表，約50分鐘就可將兩百年每天干支背出來（此法是用國曆換算），出門帶這張就

潤年	年次	代表數字	年次	代表數字	年次	代表數字	年次	代表數字	天干	代表數字	地支	代表數字	月令	代表數字	備註
＊	1.	12	29.	39	57.	6	85.	33	甲	1.	子	1.	1月	31	◎先換算有無潤年
	2.	18	30.	45	58.	12	86.	39	乙	2.	丑	2.	2月	59	
	3.	23	31.	50	59.	17	87.	44	丙	3.	寅	3.	3月	30	
	4.	28	32.	55	60.	22	88.	49.	丁	4.	卯	4.	4月	0	
＊	5.	33	33.	0	61.	27	89.	54	戊	5.	辰	5.	5月	31	※者該橫排全為潤年 所查詢之年如為潤年時3月1日以後需多加1天
	6.	39	34.	6	62.	33	90.	0	己	6.	巳	6.	6月	1	
	7.	44	35.	11	63.	38	91.	5	庚	7.	午	7.	7月	32	
	8.	49	36.	16	64.	43	92.	10	辛	8.	未	8.	8月	3	
＊	9.	54	37.	21	65.	48	93.	15	壬	9.	申	9.	9月	33	
	10.	0	38.	27	66.	54	94.	21	癸	10.	酉	10.	10月	4	◎如所查詢之月份為4月份請直接查3月份之數字通通（往前一個月）
	11.	5	39.	32	67.	59	95.	26			戌	11.	11月	34	
	12.	10	40.	37	68.	4	96.	31			亥	12.	12月	5	
＊	13.	15	41.	42	69.	9	97.	36							
	14.	21	42.	48	70.	15	98.	42							
	15.	26	43.	53	71.	20	99.	47							
	16.	31	44.	58	72.	25	100.	52							
＊	17.	36	45.	3	73.	30	101.	57							
	18.	42	46.	9	74.	36	102.	3							
	19.	47	47.	14	75.	41	103.	8							
	20.	52	48.	19	76.	46	104.	13							
＊	21.	57	49.	24	77.	51	105.	15							
	22.	3	50.	30	78.	57	106.	21							
	23.	8	51.	35	79.	2	107.	26							
	24.	13	52.	40	80.	7	108.	31							
＊	25.	18	53.	45	81.	12	109.	36							
	26.	24	54.	51	82.	18	110.	42							
	27.	29	55.	56	83.	23	111.	47							
	28.	34	56.	1	84.	28	112.	52							

年	圖像數字	公式	加總	月令	圖象數字
1	鉛筆12	時鐘	5	鼠	三義木雕
2	鴨子18	十八銅人	5	牛	無救了
10	十字架0	游泳圈	5	虎	三菱跑車
18	十八銅人42	蘇俄	6	兔	游泳圈
26	河流24	和室	5	龍	三義木雕
34	沙士6	櫻桃	5	蛇	鉛筆
42	蘇俄48	書包	5	馬	嫦娥
50	伍拾元30	三菱跑車		羊	山
58	我爸爸12	鬧鐘		猴	三商百貨
66	溜溜球54	武士		雞	帆船
74	騎士36	山鹿		狗	沙士
82	白鵝18	十八銅人		豬	五隻手指
90	90手槍0	游泳圈			
98	十八銅人42	蘇俄			

此方法就是不用帶萬年曆就可以用這個表格得知每天的天干、地支。

例一：此方法需用國曆來換算

54年11月24日

(1)54年次查表＝代表數字51

(2)11月令查表＝（請看10月令之數字）＝4（這是公式）

(3)24日＝就是24

將(1)(2)(3)三組數字相加

51＋4＋24＝79

查表中之天干、地支所代表的數字為何？再將總數79，用以下公式換算

79之個位數＝天干　個位數9＝天干代表＝【壬】

將79÷12＝6餘數7＝7就是地支＝【午】

答案：【壬午日】

例二：

98年5月26日

(1)98年查表＝代表數字42

(2)5月查表＝（看4月令之數字）＝0（這是公式）

(3)26日＝就是26

將(1)(2)(3)三組數字相加

42+0+26=68

查表中之天干、地支所代表的數字為何？再將總數68用以下公式換算

68之個位數＝天干8＝【辛】

68÷12=5餘數8=地支＝【未】

答：【辛未日】

例三：

國曆47年5月19日查表

47年＝14

5月＝0 【看4月】

19日＝19

14＋0＋19＝33

個位數＝3　天干＝丙

33÷12＝餘數9　地支＝申

答：【丙申】

如果該年有潤年時的算法

表中在每年前方有※號則該年為潤年

※者該橫排全為潤年，所查詢之年如為潤年時，3月1日以後需多加1天

例四：

國曆53年7月24日查表

53年＝45

7月＝1＋1（看6月）（閏月）請看備註欄

24日＝24

45＋1＋1（閏年）＋24＝71

個位數＝1　天干＝甲

71÷12=5餘數11 地支=戌

答：【甲戌】

例五：

國曆93年9月16日查表

93年=15

9月=3+1（看8月）（閏月）請看備註欄

16日=16

15+4+16=35

個位數=5 天干=戊

35÷12=2餘數11地支=戌

答：【戊戌】

第四節 如何開始排時柱

出生年月日是54年11月2日20時生（國曆54年11月24日20時）。

因已得知2日為壬午日。因20時查時支表為戌時，所以將天干【壬】對應到「五鼠遁日起時表」的【戌】可得庚，得知該時為【庚戌時】。

所以用「五鼠遁日起時表」，即可得知時柱。

※早子時出生的人日干不變直接推時干，晚子時出生的人日干需往下推一日後用該日之日干再來推時干（但日的干支不變）。

以p3命盤為例，如為2日（壬午）早子時出生（查時支表得），日干不變查「五鼠遁日起時表」得庚子時。

如為2日（壬午）晚子時出生（查時支表得），日干往下推一日查「五鼠遁日起時表」得壬子時。

五鼠遁日起時表

日干＼時辰 時辰	甲己	乙庚	丙辛	丁壬	戊癸
子時	甲	丙	戊	庚	壬
丑時	乙	丁	己	辛	癸
寅時	丙	戊	庚	壬	甲
卯時	丁	己	辛	癸	乙
辰時	戊	庚	壬	甲	丙
巳時	己	辛	癸	乙	丁
午時	庚	壬	甲	丙	戊
未時	辛	癸	乙	丁	己
申時	壬	甲	丙	戊	庚
酉時	癸	乙	丁	己	辛
戌時	甲	丙	戊	庚	壬
亥時	乙	丁	己	辛	癸

時支表

時支	時　間
晚子	時間晚上 11點～0點
早子	凌晨 0點～01點
丑時	凌晨 01點～03點
寅時	凌晨 03點～05點
卯時	上午 05點～07點
辰時	上午 07點～09點
巳時	上午 09點～11點
午時	上午 11點～01點
未時	下午 01點～03點
申時	下午 03點～05點
酉時	下午 05點～07點
戌時	下午 07點～09點
亥時	下午 09點～11點

◎生時不知道的人,可用瞑想式卜卦法。

先祈禱（心中想像平常所信仰的神明）然後瞑想從一唸到二十四之後在手機鍵盤上按兩

個數字，如果數字爲24以下，這個數字就是您的出生時辰，如果數字超過24，請減24讓數字

低於24，所得即爲答案。此方法是運用神助的方式來幫我們查（很準），也可以用下列方法

對應看看，如果您是家中男一、四、七胎，女二、五、八胎，那有可能出生在子、午、卯、

酉時；如果您是家中男二、五、八胎，女三、六、九胎，那有可能出生在辰、戌、丑、未

時；如果您是家中男三、六、九胎，女一、四、七胎，那有可能出生在、寅、申、巳、亥

時，經過年、月、日、時的排法得知，出生年月日是54年11月2日20時生（國曆54年11月24

日20時）的四柱分別是：

乙巳年、丁亥月、壬午日、庚戌時，請看P3命盤查對。

第五節　如何開始排大運及歲數

大運排法

因為要排八字大運，需知道是陽男或陽女，或陰男或陰女，查以下表格可得知。

生年天干	生年天干		
生年天干	甲丙戊庚壬	或年次個位數為單數	叫陽男或陽女
生年天干	乙丁己辛癸	或年次個位數為雙數	叫陰男或陰女

例：民國58年生人

1、58年為「己酉」年，己為陰干，故稱為陰男或陰女。

2、58個位數為「8」，8為雙數，故稱為陰男或陰女。

例：民國69年生人

1、69年為「庚」年，庚為陽干，故叫陽男或陽女。

2、69年個位數為「9」，為單數，故叫陽男或陽女。

排八字大運，均依陽男陰女順數、陽女陰男逆推來排定。

以「月柱」之天干、地支為基準，依陽男陰女順行，陰男陽女逆行排法，填入命盤表格

中。

例一：男命出生年月日是54年11月2日20時生（國曆54年11月24日20時）

經查萬年曆　年＝乙巳

經查萬年曆　月＝丁亥　因54年為陰，故為陰男→大運為逆行：以月柱丁亥（為基準逆

排）

大運干支　丙戌　乙酉　甲申　癸未　壬午　辛巳　己卯

例二：女命民國56年2月14日未時生（國曆56年3月24日14時）

經查萬年曆　年＝丁未

經查萬年曆　月＝癸卯　因56年為陰，故為陰女→大運為順行：以月柱癸卯（為基準順

排）

大運干支　甲辰　乙巳　丙午　丁未　戊申　己酉　庚戌　辛亥

※一般命理家在排大運時，通常排八柱（八大運）。一柱十年，八柱共八十年。

78

第六節　排大運歲數如何起算

方法㈠直接查萬年曆

1、陽男陰女順行，由出生日時算起，順算至下月之「節」為止，共有幾日幾時。

2、陰男陽女逆行，由出生日時算起，逆算至上月之「節」為止，共有幾日幾時。

3、將總計之日時，以三日折算一歲，一日折算四個月，一時辰折算十天，將其加總就知道是幾歲起大運了。

4、所謂算到「節」就是：以立春、驚蟄、清明、立夏、芒種、小暑、立秋、白露、寒露、立冬、大雪、小寒為結束。

計算公式說明如下：

例一：男命出生年月日是陰曆54年11月2日20時生（國曆54年11月24日20時），查萬年曆2日壬午日，陰男陽女逆推，從2日逆算到上個月的「節立冬15號子時」共17日，以三日為1歲，17÷3=5餘2天，加一歲就以6歲起大運

例二：女命出生年月日是陰曆54年11月2日20時生（國曆54年11月24日20時），查萬年曆2日壬午日，陽男陰女順數，從2日順數到本月的「節大雪15號申時」共11日又13小時，

以三日為1歲，11÷3＝3歲餘2日，又13小時就算加一歲，所以該女為4歲起大運。

計算公式說明如下：

1、應特別留意：各月份有二十九天也有三十天，因為一日折算四個月影響很大。

2、接下來用日時相減，若日小需向月借位時，特別注意是借「二十九日」或「三十日」來減。

方法㈡

3、如果陽男陰女用「節」減出生日（請查萬年曆）；陰男陽女用出生日減「節」。

4、一律以大數目減小數目。能整除或餘數為2，都要加1歲。

例一：男命出生年月日是54年11月2日20時生（國曆54年11月24日20時），陰男陽女用出生日減「節」，經查54、11、2該月＝30天，因2日不夠減-15（上月節）所以要借30，2日加30＝32-15＝17÷3＝5餘2要加1，5歲加1＝6，所以該員的第一大運從6歲起算

例二：女命出生年月日是54年11月2日20時生（國曆54年11月24日20時），陽男陰女用「節」減出生日，經查54、11、2節氣＝15日（下月節）─出生2日＝13日÷3＝4餘1，所以該員的第一大運從4歲起算

第七節　如何安命宮，安命宮對照表

土　16
比肩　劫財
3　0

火　1
正印　偏印
0　0

金　7
傷官　食神
0　1

木　19
正官　七殺
2　0

水　17
正財　偏財
1　1

出生後3年6個月又24天交大運

天運五行：木
胎息：癸巳
胎元：甲寅
命宮：甲寅
格局：偏財格
血型：AB
空亡：巳寅卯
喜神：水木
用神：水木
忌神：土火
星座：射手座

姓名	P4			性別	男
西元		1958 年			

時	日	月	年	日期
6	27	11	47	國曆
6	17	10	47	農曆
正官	日元	正財	比肩	主星
乙 木	戊 土	癸 水	戊 土	天干
卯 木	申 金	亥 水	戌 土	地支
乙 木	戊壬庚 土水金	甲壬 木水	丁辛戊 火金土	藏干
正官	比偏食 肩財財	七偏 殺財	正傷比 印官肩	副星
沐浴 49-64	病 33-48	絕 17-32	墓 1-16	十二運星
沐天桃 浴德花 貴人	孤福文天 鸞星昌狗 貴 孤辰	亡血劫天 神刃煞喜	魁隔墓 罡角庫	特星神煞

75 — 84	65 — 74	55 — 64	45 — 54	35 — 44	25 — 34	15 — 24	5 — 14	歲
辛未	庚午	己巳	戊辰	丁卯	丙寅	乙丑	甲子	大運

104 (58歲)	101 (55歲)	98 (52歲)	95 (49歲)	92 (46歲)	年
乙未 正官劫財	壬辰 偏財比肩	己丑 劫財劫財	丙戌 偏財比肩	癸未 正財劫財	干支
福德	歲破	太陰	太歲	福德	神煞
105 (59歲)	102 (56歲)	99 (53歲)	96 (50歲)	93 (47歲)	年
丙申 偏印食神	癸巳 正財偏財	庚寅 食神七殺	丁亥 正印偏財	甲申 七殺食神	干支
天狗	龍德	五鬼	太陽	天狗	神煞
106 (60歲)	103 (57歲)	100 (54歲)	97 (51歲)	94 (48歲)	年
丁酉 正官傷官	甲午 七殺正官	辛卯 傷官正財	戊子 正財正財	乙酉 正官傷官	干支
病符	白虎	小耗	喪門	病符	神煞

例：生日為農曆47年9月10日6時生的人，命宮在哪一宮？查萬年曆9月10日之中氣不是霜降而是上個月秋分才對，依公式得生在9月中氣為秋分照表格對下來的卯時，可得答案是辰宮

該員出生年為戊年生，所以將戊去對應辰，可得丙，所以該員之命宮為丙辰

命宮也可當四柱外的另一柱，論法可以用命宮的干支跟命盤四柱來比較，可以論吉凶了。

命宮現象詳解

論命宮：有許多老師就直接用命宮來論斷一個人的特性，以下為各宮之解釋：

◎命宮在子宮的人：一般都是屬於個性堅強，意志堅定，而不論對人對事不記恨、寬宏大量。處事態度尚稱明快，做事文雅動人，不消極厭世且有念舊之情，夫妻間屬於夫唱婦隨、恩愛恆久型，聰明、專長有過人之處，但有時會標新立異，主觀過強，發言不當，對於事務判斷有獨特看法。

◎命宮在丑宮的人：一般都是屬於舉止有風度且幽默，頗有冷面笑匠之天分，志向遠

大，喜歡建立功勳，也會不計較本身利益。但有時會以教訓之態度來待人，這樣的行為也許可博得信任，但可能會因鋒芒畢露，容易遭受怨言，而阻礙事業之進展。

◎命宮在寅宮的人：一般都是屬於性情活潑，舉止談吐間會令人有深刻之印象，尤其在童年時已可見剛毅的個性，目光敏銳有神，全身富衝刺力，但喜抄捷徑來達目的。無論任何事，如不能與人共享其成果，有可能變孤單，一定要謙虛待人才不失為有仁者之風度。一生交友甚廣，人緣不錯。

◎命宮在卯宮的人：一般都是屬於可能在少年時體質較弱，到青年期身體較強健，但容易血氣方剛，有時會因小事而動怒，易釀成跟人有爭端的行為。成年後性格變為嚴謹。能克己自律，一生觀察力強，善惡能分明，易吸引他人欣賞。

◎命宮在辰宮的人：一般都是屬於看起來性格溫和、儀表文雅、彬彬有禮的型，一生也樂於為人排解爭端，凡事思慮周到，是一個中道之人，但往往熱忱過度，無暇自顧親人的感受、建議有時需量力而為。

◎命宮在巳宮的人：一般都是屬於個性及態度算是蠻沉靜的，是一個思慮細膩之人，但有時喜吹毛求疵，以致判斷失當而影響大局。做事業的手段很精明，處事有條不紊，經商做

生意往往能積小成大，是一個前途無量之格。

◎命宮在午宮的人：一般都是屬於天生具有高尚之性格，充滿野心和熱誠之特質。意志堅定，個性上會不顧險阻，衝動熱情，理想高，有傲氣。為了目的會企圖用投機的方法來達成出人頭地的，一生不願屈就。待人雖和藹可親，無非是想以籠絡之手段來取悅他人，以達到利己之發展。如能戒除驕傲的本質自能成功。

◎命宮在未宮的人：一般都是屬於辦事算蠻嚴謹的，工作也算謹慎，且有很好之領悟力和觀察力，在您的一舉一動中，看外表有點膽怯，但性格則是敏感而易怒，外表柔順，但內心則極堅強，不肯輕易接納他人意見。個性有時喜沉思，想像力豐富，有時易沉迷於聲色之地，需改掉一些不好的習慣喔。

◎命宮在申宮的人：一般都是屬於具有雙重性格之人，有時很自信樂觀，有時又是多疑且考慮過多之人，常自我矛盾。為人反應極為機警，能提出新穎建議。剛開始從事行業時不宜存有太大的得失之心，以免半途而廢，希望能有始有終，否則成功就離您越來越遠了。

◎命宮在酉宮的人：一般都是屬於個性沉默且思考細膩、思慮較深遠、心地也很善良，又是一個忠實可靠之人，但有時脾氣暴躁且固執己見，如不改進，生活就會不好過。風

格上一般有過人之處，有時又會標新立異，主觀過強，發言不當之情況發生，對於事務判斷總有獨特看法。

◎命宮在戌宮的人：一般都是屬於行動敏捷，工作充滿熱誠，事情計劃有緒，會全力以赴，做人不囉唆但有時顧慮不周，缺乏忍耐性有時會壞了事。故需學會控制自己，不要太躁進，一切才能納入正軌以致成功。

◎命宮在亥宮的人：一般都是屬於為人情感濃厚，神經敏銳，待人接物很熱情，看似一個好人，做事時要考慮本身能力，當能力不足時不要輕舉妄動，有時又會失去理智，無視個人財務狀況，一股腦兒願與親友共享。

第八節　安四柱八字十神一覽表

姓名	P5			性別	男
西元	1993 年				
20	26	3	82	國曆	
20	4	3	82	農曆	
時	日	月	年	日期	

主星	食神	日元	正印	正官
天干	戊 土	丙 火	乙 木	癸 水
地支	戌 土	午 火	卯 木	酉 金
藏干	丁辛戊 火金土	己丁 土火	乙 木	辛 金
副星	劫正食 財財神	傷劫 官財	正印	正財
十二運星	墓 49-64	帝旺 33-48	沐浴 17-32	死 1-16
特星神煞	魁罡 華蓋 墓庫	羊刃 桃花 福德 紅鸞 孤鸞 六秀 將星日	桃花 沐浴 歲破 紅花浴熱破	天月 乙破 貴人

合（月日天干）　合（日月地支）　半三合　害

五行十神分佈圖：

- 火 11：比肩 劫財 11
- 木 21：正印 偏印 20
- 土 13：食神 傷官 20
- 水 5：正官 七殺 10
- 金 10：正財 偏財 10

出生後 6 年 11 個月又 21 天交大運

項目	內容
忌神	火木
喜用神	金水寅卯
空亡	戌亥
血型	0
格局	正印格
命宮	乙卯
胎元	丙午
胎息	辛未
天運五行	金

星座：牡羊座

	104 (23歲)	101 (20歲)	98 (17歲)	95 (14歲)	92 (11歲)	年
干支	乙未 正印傷官	壬辰 七殺食神	己丑 傷官食神	丙戌 比肩食神	癸未 正官傷官	干支
神煞	天狗	龍德	五鬼	太陽	天狗	神煞
	105 (24歲)	102 (21歲)	99 (18歲)	96 (15歲)	93 (12歲)	年
干支	丙申 比肩偏財	癸巳 正官比肩	庚寅 偏財偏印	丁亥 劫財七殺	甲申 偏印偏財	干支
神煞	病符	白虎	小耗	喪門	病符	神煞
	106 (25歲)	103 (22歲)	100 (19歲)	97 (16歲)	94 (13歲)	年
干支	丁酉 劫財正財	甲午 偏印劫財	辛卯 正財正印	戊子 食神正官	乙酉 正印正財	干支
神煞	太歲	福德	歲破	太陰	太歲	神煞

歲	77-86	67-76	57-66	47-56	37-46	27-36	17-26	7-16
大運	丁未	戊申	己酉	庚戌	辛亥	壬子	癸丑	甲寅

```
              金 6
          比 劫
          肩 財
          1 0
  28          食 傷
  土   正 偏   神 官      7
      印 印   0 1       水
      4 0
      正 七         偏
      官 殺   正 偏   財
      1 0   財 財   木
   9          1 0   10
   火              木
```

星座：獅子座
忌神：土
用神：水木火
喜神：火
空亡：寅卯戌亥
血型：A
格局：正印格
命宮：戊午
胎元：庚戌
胎息：乙未
天運五行：乙未 木

出生後8年6個月又18天交大運

姓名	P5-A				性別	男
西元	1973 年					
	6	2	8	62		國曆
	6	4	7	62		農曆
時	日	月	年	日期		
正印	日元	正印	傷官	主星		
己 土	庚 金	己 土	癸 水	天干		
		剋				
卯 木	午 火	未 土	丑 土	地支		
乙 木	己丁 土火	乙丁己 木火土	辛癸己 金水土	藏干		
正財	正正印官	正正正財官印	劫傷正財官印	副星		
胎 49-64	沐浴 33-48	冠帶 17-32	墓 1-16	十二運星		
月天災喪德德煞門合合 桃飛花刀	將沐元桃星浴辰花 福星貴	天月天歲乙德德破貴合合人	墓天月乙庫破貴人	特星神煞		
79-88 辛亥	69-78 壬子	59-68 癸丑	49-58 甲寅	39-48 乙卯	29-38 丙辰	19-28 丁巳	9-18 戊午	歲 大運

105 (44歲)	102 (41歲)	99 (38歲)	96 (35歲)	93 (32歲)	年
丙申 七殺比肩	癸巳 傷官七殺	庚寅 比肩偏財	丁亥 正官食神	甲午 偏財正官	干支
龍德	五鬼	太陽	天狗	龍德	神煞
106 (45歲)	103 (42歲)	100 (39歲)	97 (36歲)	94 (33歲)	年
丁酉 正官劫財	甲午 偏財正官	辛卯 劫財正財	戊子 偏印傷官	乙酉 正財劫財	干支
白虎	小耗	喪門	病符	白虎	神煞
107 (46歲)	104 (43歲)	101 (40歲)	98 (37歲)	95 (34歲)	年
戊戌 偏印偏印	乙未 正財正印	壬辰 食神偏印	己丑 正印正印	丙戌 七殺偏印	干支
福德	歲破	太陰	太歲	福德	神煞

天干十神對照表（圖四）

日主＼天干	甲	乙	丙	丁	戊	己	庚	辛	壬	癸
甲	比肩	劫財	食神	傷官	偏財	正財	偏官	正官	偏印	正印
乙	劫財	比肩	傷官	食神	正財	偏財	正官	偏官	正印	偏印
丙	偏印	正印	比肩	劫財	食神	傷官	偏財	正財	偏官	正官
丁	正印	偏印	劫財	比肩	傷官	食神	正財	偏財	正官	偏官
戊	偏官	正官	偏印	正印	比肩	劫財	食神	傷官	偏財	正財
己	正官	偏官	正印	偏印	劫財	比肩	傷官	食神	正財	偏財
庚	偏財	正財	偏官	正官	偏印	正印	比肩	劫財	食神	傷官
辛	正財	偏財	正官	偏官	正印	偏印	劫財	比肩	傷官	食神
壬	食神	傷官	偏財	正財	偏官	正官	偏印	正印	比肩	劫財
癸	傷官	食神	正財	偏財	正官	偏官	正印	偏印	劫財	比肩

地支藏干十神表（圖五）

在四柱地支藏干中之天干一覽表　如藏干有三字則分主氣、餘氣、雜氣

地支	子	丑	寅	卯	辰	巳	午	未	申	酉	戌	亥
藏干	癸	辛癸己	戊丙甲	乙	癸乙戊	戊庚丙	己丁	乙丁己	戊壬庚	辛	丁辛戊	甲壬

地支藏天干

也就是在地支中暗藏有天干的氣，氣又分為主氣、餘氣、雜氣，在做八字論斷時必須考慮三種氣的影響力，尤其在做流年、月的論斷必須加以考慮。

排十神是以日元為中心，然後去對應其他柱之干支，對地支時要看藏干，以P5-A命盤為例來排十神。

主星：日元為庚

　　對應年干癸，查（圖四）可得為傷官

　　對應月干己，查（圖四）可得為正印

對應日干庚，查（圖四）可得爲比肩

對應時干己，查（圖四）可得爲正印

副星：

年支丑，查（圖五）可得爲己、癸、辛，以日元爲庚再去對應（圖四）可得己（正印）、癸（傷官）、辛（劫財）

月支未，查（圖五）可得爲己、丁、乙，以日元爲庚再去對應（圖四）可得爲己（正印）、丁（正官）、乙（正財）

日支午，查（圖五）可得爲丁、己，以日元爲庚再去對應（圖四）可得爲丁（正官）、己（正印）。

時支卯，查（圖五）可得爲乙，以日元爲庚再去對應（圖四）可得爲乙（正財）。

以P5命盤爲例來排十神

主星：日元爲丙

對應年干癸，查（圖四）可得爲正官

對應月干乙，查（圖四）可得爲正印

對應日干丙，查（圖四）可得為比肩

對應時干戊，查（圖四）可得為食神

副星：

年支酉，查（圖五）可得為辛，以日元為丙再去對應（圖四）可得為正財

月支卯，查（圖五）可得為乙，以日元為丙再去對應（圖四）可得為正印

日支午，查（圖五）可得為丁，己，以日元為丙再去對應（圖四）可得為丁（劫財）、己（傷官）

時支戌，查（圖五）可得為戊、辛、丁，以日元為丙再去對應（圖四）可得為、戊（食神）、辛（正財）、丁（劫財）。

所以經公式即得P5命盤中之十神主星及副星。

至於十神在本命盤上會有什麼現象？請參考作者另一本著作《學八字這本最好用》127頁至162頁（知青頻道出版，有更詳細說明）。

第九節 定八字格局（正格、變格）

格局可分正格、變格，係定格局後就可依何種格局來論斷個性。

所謂格局乃根據四柱干支陰陽五行生剋及強弱，一般可分類成各種之命造格局，以作為取喜用神之參考。

八字的格局種類甚多，大致區分為兩大類：第一類為正格，又名普通格局。第二類為變格，又稱特殊格局。

◎正格類型，正格之取法

正格共分為八格：食神格、傷官格、正財格、偏財格、正官格、七殺格、正印格、偏印格。

正格一般都是由月支而來取格局的，即由月支藏干的本氣及餘氣或雜氣查其是否透出天干，來取其十神為格局。

其法述說如下：

如果月支藏干的本氣透出天干時，應優先取其為格。

如果月支藏干的本氣透出天干，則取藏干中透出天干者為格。

如果月支本氣及藏干皆未透天干時，則以月支藏干的中的主氣取為格。

P6命盤範例、正格命盤

P6 命盤

姓名	P6				性別	女
西元	1968 年					
國曆	6	30	4	57		
農曆	6	4	4	57		

日期	時	日	月	年
主星	正印	日元	七殺	偏印
天干	己（土）	庚（金）	丙（火）→剋	戊（土）
地支	卯（木）	午（火）	辰（土）←半三合	申（金）
藏干	乙（木）	己丁（土火）	癸乙戊（水木土）	戊壬庚（土水金）
副星	正財	正印・正官	傷官・正財・偏印	偏印・食神・比肩
十二運星	胎	沐浴	養	臨官
（胎息）	胎 49-64	沐浴 33-48	養 17-32	臨官 1-16
特星神煞	桃花 飛刃 六厄 龍德 福星貴	將星 沐浴 災煞 天狗	寡宿 血刃 流霞 白虎	孤辰 陽角 驛馬 祿神

歲	79-88	69-78	59-68	49-58	39-48	29-38	19-28	9-18
大運	戊申	己酉	庚戌	辛亥	壬子	癸丑	甲寅	乙卯

五行分布圖

```
            金 10
        比肩 劫財
          2   0
土 24                  水 4
偏印              食神 傷官
正印 1 2          0   0
        七殺 正官    正財 偏財
          1   1      1   0
        火 10      木 12
```

出生後8年4個月又23天交大運

- 星座：金牛座
- 忌神：金土火
- 喜用神：水木火
- 空亡：寅卯戌亥
- 血型：AB
- 格局：偏印格
- 命宮：辛酉
- 胎元：丁未
- 胎息：丁未
- 天運五行：乙未土

流年表

年	干支	神煞
105（49歲）	丙申 七殺・比肩	太歲
102（46歲）	癸巳 傷官・七殺	福德
99（43歲）	庚寅 比肩・偏財	歲破
96（40歲）	丁亥 正官・食神	太陰
93（37歲）	甲申 偏印・比肩	太歲
106（50歲）	丁酉 正官・劫財	太陽
103（47歲）	甲午 偏財・正官	天狗
100（44歲）	辛卯 劫財・正財	龍德
97（41歲）	戊子 偏印・傷官	五鬼
94（38歲）	乙酉 正財・劫財	太陽
107（51歲）	戊戌 偏印・偏印	喪門
104（48歲）	乙未 正財・正印	病符
101（45歲）	壬辰 食神・偏印	白虎
98（42歲）	己丑 正印・正印	小耗
95（39歲）	丙戌 七殺・偏印	喪門

以 p6 命盤為例，月支藏干分別主氣是戊（偏印）、餘氣是乙（正財）、雜氣是癸（傷官），以上述條件，如果月支藏干的本氣透出天干時，應優先取其為格。所以此命盤就是主氣是戊（偏印），該命盤為偏印格是也

PS：如果月支主氣是劫財或是比肩，則不列入正格，須以特別格局論之。

月支是比肩稱之為（建祿格）。月支為劫財稱之為（陽刃格）。

但陰干則無陽刃格，以下命盤稱為陽刃格。

水 21
比肩 10　劫財 11
木 5
食神 10　傷官 10
金 12
正印 10　偏印 10
正官 13　七殺 13
正財 0　偏財 0
土 20
火 2

天運五行：丁卯木
胎元：乙卯
胎息：乙卯
命宮：庚申
格局：陽刃格
血型：0
星座：射手座
忌神：水金
喜用神：木火
空亡：辰巳子丑

出生後1年3個月又6天交大運

姓名	P7		性別	女
西元	1958 年			
圓曆	18	11	12	47
農曆	18	1	11	47
日期	時	日	月	年
主星	正官	日元	食神	七殺
天干	己土	壬水	甲木	戊土
地支	酉金	戌土	子水	戌土
藏干	辛（金）	丁辛戊（火金土）	癸（水）	丁辛戊（火金土）
副星	正印	正財正印七殺	劫財	正財正印七殺
十二運星	沐浴 49-64	冠帶 33-48	帝旺 17-32	冠帶 1-16
特星神煞	沐浴六厄	退神華蓋月德伏吟貴人	紅艷血刃盤煞刀門　陽羊角刃	魁罡華蓋

歲	72-81	62-71	52-61	42-51	32-41	22-31	12-21	2-11
大運	丙辰	丁巳	戊午	己未	庚申	辛酉	壬戌	癸亥

年	104(58歲)	101(55歲)	98(52歲)	95(49歲)	92(46歲)
干支	乙未	壬辰	己丑	丙戌	癸未
	傷官正印	比肩七殺	正官正官	偏財七殺	劫財正印
神煞	福德	歲破	太陰	太歲	福德
年	105(59歲)	102(56歲)	99(53歲)	96(50歲)	93(47歲)
干支	丙申	癸巳	庚寅	丁亥	甲申
	偏財偏印	劫財偏財	偏印食神	正財比肩	食神偏印
神煞	天狗	龍德	五鬼	太陽	天狗
年	106(60歲)	103(57歲)	100(54歲)	97(51歲)	94(48歲)
干支	丁酉	庚子	辛卯	戊子	乙酉
	正財正印	食神正印	正印傷官	七殺劫財	傷官正印
神煞	病符	白虎	小耗	喪門	病符

如果您對格局無法從命盤上直接看出來，以下表格可讓您作參考，「正格格局對照表」

月支透干者方可取爲格。

月支日干＼格局	建祿	月刃	正官	七殺	正印	偏印	正財	偏財	食神	傷官
甲日	寅	卯	酉	申	子	亥	丑未	辰戌	巳	午
乙日	卯		申	酉	亥	子	辰戌	丑未	午	巳
丙日	巳	午	子	亥	卯	寅	酉	申	辰戌	丑未
丁日	午		亥	子	寅	卯	申	酉	丑未	辰戌
戊日	巳		卯	寅	午	巳	子	亥	申	酉
己日	午		寅	卯	巳	午	亥	子	酉	申
庚日	申	酉	午	巳	丑未	辰戌	卯	寅	亥	子
辛日	酉		巳	午	辰戌	丑未	寅	卯	子	亥
壬日	亥	子	丑未	辰戌	酉	申	午	巳	寅	卯
癸日	子		辰戌	丑未	申	酉	巳	午	卯	寅

◎變格類型，變格之取法

八字取格局，若符合變格就應先取變格爲格局，若無適合者或變格不純而破格時，再以正格來取之。

變格即稱特別格局，一般分爲下列數種：建祿格、月刃格、專旺格、從格、母吾同心格、子吾同心格、化木格、化火格、化土格、化金格、化水格、半壁格，尚有專旺格有：潤下格、從革格、稼穡格、炎上格、曲直格。

◎現在來談談專旺格的類型

當八字日主五行極強旺時，又當令又得時，四柱中與日干五行相同（比肩、劫財）數量多而又旺時，此命造即可以用專旺格來論之。

※專旺格形成時，最喜歡格局中有食神、傷官來流通其氣，如此方可通關讓運勢源遠流長，富貴自然可得，財運就會有不錯的表現。

※專旺格局中怕見正官、七殺來剋，如果見到即稱爲破格，就必須以正格來論之。

※專旺格局中也怕見正財、偏財來損其旺氣，亦視爲破格，須以正格論之。除非財星只有一顆落於天干且地支不能有，仍勉強可歸類爲專旺格。

※專旺格忌運行官殺，主破敗、疾厄、意外、刑傷來沖剋。

專旺格者，如能走運多為富貴之命較多，但如不把握運程，落魄者亦不少。當歲運走正官或七殺要謹防破財、災厄、意外、刑傷。

P8 命盤範例

姓名	P8			性別	男
西元	1968 年				
14	7	10	57	國曆	
14	16	8	57	農曆	
時	日	月	年	日期	
傷官	日元	劫財	偏印	主星	
癸水	庚金	辛金	戊土	天干	
未土	戌土	酉金	申金	地支	
乙己	丁辛戊	辛	戊壬庚	藏干	
正正正財官印	正劫偏官財印	劫財	偏比印神肩	副星	
冠帶 49-64	衰 33-48	帝旺 17-32	臨官 1-16	十二運星	
寡宿 天乙貴人	金血月喪 與刀德門 貴人 十魁華紅 靈罡豔豔 日	羊桃 刀花	解祿 驛馬神	特星神煞	
71-80 己巳	61-70 戊辰	51-60 丁卯	41-50 丙寅	31-40 乙丑	21-30 甲子	11-20 癸亥	1-10 壬戌	大運

五行統計：

金 33（比肩2、劫財1）
土 16（偏印12、正印1）
水 7（食神0、傷官1）
木 1（偏財1、正財0）
火 3（七殺0、正官0）

血型：A
格局：從革格
命宮：甲戌
胎元：壬子
胎息：乙卯
天運五行：土

星座：天秤座
忌神：木火
喜用神：土金水
空亡：寅卯寅卯

出生後0年3個月又28天交大運

104(48歲)	101(45歲)	98(42歲)	95(39歲)	92(36歲)	年干支
乙未 正財正印	壬辰 食神偏印	己丑 正印正印	丙戌 七殺偏印	癸未 傷官正印	年干支
病符	白虎	小耗	喪門	病符	神煞
105(49歲)	102(46歲)	99(43歲)	96(40歲)	93(37歲)	年干支
丙申 七殺比肩	癸巳 傷官七殺	庚寅 比肩偏財	丁亥 正官食神	甲申 偏財比肩	年干支
太歲	福德	歲破	太陰	太歲	神煞
106(50歲)	103(47歲)	100(44歲)	97(41歲)	94(38歲)	年干支
丁酉 正官劫財	甲午 偏財正官	辛卯 劫財正財	戊子 偏印傷官	乙酉 正財劫財	年干支
太陽	天狗	龍德	五鬼	太陽	神煞

P8命盤就是標準的專旺格（從革格）

下表可明顯看出各種專旺格之條件（特表一）

專旺格	日干	日干、地支五行須是　定須是	四柱結構形態　月支一定須是	四柱結構形態　四柱地支須有	必要條件	喜用神	喜用神	（忌神）
曲直格	甲乙	木	寅卯	亥卯未三合木、或寅卯	無庚辛申酉金剋木	木（比劫）	水（印星）	金（官殺）
炎上格	丙丁	火	巳午	巳午、或巳午未三會火、或寅午戌三合火	無壬癸亥子水剋火	火（比劫）	木（印星）	水（官殺）
稼穡格	戊己	土	辰戌丑未	辰戌丑未四庫、土多為佳	無甲乙寅卯木剋土	土（比劫）	火（印星）	木（官殺）
從革格	庚辛	金	申酉	申酉、或申酉戌三會金、或巳酉丑三合金	無丙丁午巳火剋金	金（比劫）	土（印星）	火（官殺）
潤下格	壬癸	水	亥子	亥子、或亥子丑三會水、或申子辰三合水	無戊己辰戌丑未之土剋水	水（比劫）	金（印星）	土（官殺）

以上五種專旺格都有其很明顯的必要條件，請在排盤時仔細對照就可以很正確的定格局了。

曲直格：以下命盤符合曲直格的條件（參考特表一解釋）

【時】	【日】	【月】	【年】
丙子	乙未	丁卯	甲寅

【時】	【日】	【月】	【年】
丙寅	甲辰	丁卯	甲寅

炎上格：以下命盤符合炎上格的條件（參考特表一解釋）

【時】	【日】	【月】	【年】
乙未	丙午	丙午	甲午

【時】	【日】	【月】	【年】
丙午	丁巳	己巳	甲午

稼穡格：以下命盤符合稼穡格的條件（參考特表一解釋）

【時】	【日】	【月】	【年】
癸丑	戊辰	己未	戊戌

【時】	【日】	【月】	【年】
己未	戊辰	己巳	丙午

從革格：以下命盤符合從革格的條件（參考特表一解釋）

【時】	【日】	【月】	【年】
辛巳	庚申	戊戌	辛酉

【時】	【日】	【月】	【年】
癸未	庚戌	辛酉	戊申

潤下格：以下命盤符合潤下格的條件（參考特表一解釋）

【時】	【日】	【月】	【年】
庚子	庚辰	壬申	辛亥

【時】	【日】	【月】	【年】
辛亥	壬申	庚辰	庚子

木 5
　比肩 0　劫財 0
2 水　偏印 0　正印 0　傷官 1　食神 2　火 21
　七殺 0　正官 1　偏財 1　正財 2
10 金　　　　　　　土 22

血型：A
星座：金牛座
忌神：水木
喜用神：火土金
空亡：辰巳午未
格局：從勢格
命宮：己未
胎元：戊申
胎息：己巳
天運五行：木

出生後 0 年 4 個月又 1 天交大運

時	日	月	年	日期
9	7	5	47	國曆
9	19	3	47	農曆
正財	日元	傷官	偏財	主星
己 土	甲 木	丁 火	戊 土	天干
巳 火	申 金	巳 火	戊 土	地支
庚戊丙 金土火	戊壬庚 土水金	庚戊丙 金土火	丁辛戊 火金土	藏干
七偏食 殺財神	偏偏七 財印殺	七偏食 殺財神	傷正偏 官官財	副星
病 49-64	絕 33-48	病 17-32	養 1-16	十二運星
劫文龍紅 昌德鸞	血天 刃狗	劫文龍紅 昌德鸞	魁隔 罡角	特星神煞

71 80	61 70	51 60	41 50	31 40	21 30	11 20	1 10	歲
己酉	庚戌	辛亥	壬子	癸丑	甲寅	乙卯	丙辰	大運

104 (58歲)	101 (55歲)	98 (52歲)	95 (49歲)	92 (46歲)	年
乙 劫財 / 未 正財	壬 偏財 / 辰 偏財	己 正財 / 丑 正財	丙 食神 / 戌 偏財	癸 正印 / 未 正財	干支
福德	歲破	太陰	太歲	福德	神煞
105 (59歲)	102 (56歲)	99 (53歲)	96 (50歲)	93 (47歲)	年
丙 食神 / 申 七殺	癸 正印 / 巳 食神	庚 七殺 / 寅 比肩	丁 傷官 / 亥 偏印	甲 比肩 / 申 七殺	干支
天狗	龍德	五鬼	太陽	天狗	神煞
106 (60歲)	103 (57歲)	100 (54歲)	97 (51歲)	94 (48歲)	年
丁 傷官 / 酉 正官	甲 比肩 / 午 傷官	辛 正官 / 卯 劫財	戊 偏財 / 子 正印	乙 劫財 / 酉 正官	干支
病符	白虎	小耗	喪門	病符	神煞

姓名	P9		性別	女
西元		1958 年		

P9 命盤即為從勢格的命例

還有常見的從格有：從勢格、從兒格、從殺格、從弱格、從財格財（特表二）

	日干	月支是	結構形態	必要條件	用神	（喜神）	（忌神）
從弱格	極弱	財星	月支跟年支、日支、時支形成三合或三會	無比劫、印星	財星	食傷	比劫印星
從財格	極弱	財星	三合或三會為財星（四柱地支多財星也算）	無食傷、比劫、印星	財星	財星	比劫印星
從殺格	極弱	官殺	三合或三會為官殺局（四柱地支多官殺也算）	無食傷、比劫、印星	官殺	財星	比劫印星
從兒格	極弱	食傷	三合或三會為食傷局（四柱地支多食傷也算）	天干有食傷、全局無印星、官殺要財星。	食傷	比劫財星	官殺印星
從勢格	極弱	財星官殺食傷	四柱干支剋洩耗日干、或財星、或官殺、或食傷、全局非最旺	無比劫、印星	財星或官殺、或食傷	食傷財星官殺	比劫印星

以上五種從格都有其很明顯的必要條件，請在排盤時仔細對照就可以很正確的定格局了

從財格：以下命盤符合從財格的條件（參考特表二解釋）

【時】	【日】	【月】	【年】
己丑	丙申	乙酉	庚戌

【時】	【日】	【月】	【年】
乙亥	己亥	癸亥	戊子

從殺格：以下命盤符合從殺格的條件（參考特表二解釋）

【時】	【日】	【月】	【年】
辛未	甲申	辛酉	戊申

【時】	【日】	【月】	【年】
丙戌	庚午	壬寅	丁卯

從兒格：以下命盤符合從兒格的條件（參考特表二解釋）

【時】	【日】	【月】	【年】
丙辰	癸卯	壬寅	丁卯

【時】	【日】	【月】	【年】
己巳	甲午	丙午	丙子

從勢格：以下命盤符合從勢格的條件（參考特表二解釋）

【時】	【日】	【月】	【年】
戊辰	甲申	甲午	丙申

【時】	【日】	【月】	【年】
乙卯	庚寅	甲子	壬子

以下報表可明顯看出各種化氣格之條件（特表三）

103

化氣格	日干	四柱結構形態			必要條件		
		天干五合	月支		用神	喜神	神（剋用為忌神）
甲己化 土格	甲或己	日干甲，則合時干或月干己為土 日干己，則合時干或月干甲為土	辰戌 丑未	忌木剋土	土	火	木、水
乙庚化 金格	乙或庚	日干乙，則合時干或月干庚為金 日干庚，則合時干或月干乙為金	申酉	忌火剋金	金	土	火、木
丙辛化 水格	丙或辛	日干丙，則合時干或月干辛為水 日干辛，則合時干或月干丙為水	亥子	忌土剋水	水	金	土、木
丁壬化 木格	丁或壬	日干丁，則合時干或月干壬為木 日干壬，則合時干或月干丁為木	寅卯	忌金剋木	木	水	金、土
戊癸化 火格	戊或癸	日干戊，則合時干或月干癸為火 日干癸，則合時干或月干戊為火	巳午	忌水剋火	火	木	水、金

以上五種化氣格都有其很明顯的必要條件，請在排盤時仔細對照就可以很正確的定格局了

104

化土格：以下命盤符合化土格的條件（如有剋身之五行又被它干剋制也算）（參考特表

三解釋）

【時】	【日】	【月】	【年】
甲辰	己丑	戊戌	庚申

【時】	【日】	【月】	【年】
己巳	甲辰	壬戌	戊辰

化金格：以下命盤符合化金格的條件（如有剋身之五行又被它干剋制也算）（參考特表

三解釋）

【時】	【日】	【月】	【年】
庚辰	乙酉	乙酉	庚辰

【時】	【日】	【月】	【年】
癸酉	庚辰	乙酉	甲申

化水格：以下命盤符合化水格的條件（如有剋身之五行又被它干剋制也算）（參考特表

三解釋）

化木格：以下命盤符合化木格的條件（如有剋身之五行又被它干剋制也算）（參考特表

三解釋）

【時】	【日】	【月】	【年】
丙申	辛亥	癸丑	壬子

【時】	【日】	【月】	【年】
戊子	辛亥	丙子	甲辰

【時】	【日】	【月】	【年】
壬寅	丁亥	庚寅	丙子

化火格：以下命盤符合化火格的條件（如有剋身之五行又被它干剋制也算）（參考特表）

【時】	【日】	【月】	【年】
丁未	壬寅	己卯	己卯

三解釋）

【時】	【日】	【月】	【年】
戊午	癸酉	丁巳	癸巳

母吾同心格：以下命盤符合母吾同心格的條件（如有剋身之五行又被它干剋制也算）

【時】	【日】	【月】	【年】
壬申	壬申	壬申	壬申

【時】	【日】	【月】	【年】
癸巳	戊辰	丙午	丙寅

子吾同心格：以下命盤符合子吾同心格的條件（如有剋身之五行又被它干剋制也算）

【時】	【日】	【月】	【年】
甲子	甲子	乙亥	己巳

【時】	【日】	【月】	【年】
壬寅	壬寅	壬寅	壬寅

半壁格：以下命盤符合半壁格的條件（兩柱相同或相生或相剋算是）

【時】	【日】	【月】	【年】
壬寅	壬寅	乙亥	甲子

【時】	【日】	【月】	【年】
甲寅	癸亥	甲寅	癸亥

【時】	【日】	【月】	【年】
丙寅	甲午	乙巳	丁卯

特殊格局性情之判斷：

1、格局爲曲直格的人會有此種現象：講話實在、誠實、寬厚、慈祥善念。

2、格局爲炎上格的人會有此種現象：性情開朗、較外向、爲人豪爽講信用。

3、格局爲稼穡格的人會有此種現象：做人做事實在、個性忠厚老實、童叟無欺。

4、格局爲從革格的人會有此種現象：做人講義氣、個性剛強、眼光不錯。

5、格局爲潤下格的人會有此種現象：有智慧聰明、爲人處事圓滿、做事機伶。

6、格局爲化氣格的人會有此種現象：聰明有智慧、處事理性、爲人處事圓滿。

7、格局爲從弱格的人會有此種現象：爲人恭敬有禮、處事圓滿、心地善良。

8、格局從旺從強的人會有此種現象：爲人穩重、身體強健、個性較剛強。

9、格局爲祿刃格的人會有此種現象：個性較外向、很講義氣、有獨立性格。

第十節 八字中各種神煞排法及論法

吉凶神煞之名詞很多，一般老師在批八字判斷的方法，以五行生剋制化喜忌格局爲主者約佔60％，用神煞吉凶來論斷則佔40％，如能兩則兼論最佳。以神煞配合論命，有其實用的價值，以下就各神煞之來原及排法說明如下。

P10命盤範例

排神煞都是由四柱干支來查對，大約不外以下幾種；

金 27
比肩 2　劫財 2
正印 0　偏印 2　　土 16
傷官 1　食神 0　　水 7
正官 1　七殺 0　正財 0　偏財 0
火 7　　木 3

星座：天秤座
忌神：金土
喜用神：水木火
空亡：子丑子丑
血型：0
格局：偏印格
命宮：丙申
胎元：丁亥
胎息：己丑
天運五行：乙巳……木

出生後0年4個月又19天交大運

姓名	P10			性別	男
西元	1981 年				
國曆	21	9	10	70	國曆
農曆	21	12	9	70	農曆
日期	時	日	月	年	日期
主星	正官	日元	偏印	劫財	主星
天干	丁(火)	庚(金)	戊(土)	辛(金)	天干
地支	亥(水)	申(金)	戌(土)	酉(金)	地支
藏干	甲壬	戊壬庚	丁辛戊	辛	藏干
	木水	土水金	火金土	金	
副星	偏食	偏食比	正劫偏	劫	副星
	財神	印神肩	官財印	財	
十二運星	病 49-64	臨官 33-48	衰 17-32	帝旺 1-16	十二運星
特星神煞	孤亡文衰 辰神昌門	祿神	魁隔紅金 罡角鸞輿	桃羊刃月天德 花　　　合合	特星神煞
大運	71-80 庚寅	61-70 辛卯	51-60 壬辰	41-50 癸巳	31-40 甲午	21-30 乙未	11-20 丙申	1-10 丁酉	歲／大運

104(35歲)	101(32歲)	98(29歲)	95(26歲)	92(23歲)	年
乙未 正財正印	壬辰 食神偏印	己丑 正印正印	丙戌 偏官偏印	癸未 傷官正印	干支/神煞
天狗	龍德	五鬼	太陽	天狗	神煞
105(36歲)	102(33歲)	99(30歲)	96(27歲)	93(24歲)	年
丙申 七殺比肩	癸巳 傷官七殺	庚寅 比肩偏財	丁亥 正官偏財	甲申 偏財比肩	干支/神煞
病符	白虎	小耗	喪門	病符	神煞
106(37歲)	103(34歲)	100(31歲)	97(28歲)	94(25歲)	年
丁酉 正官劫財	甲午 偏財正官	辛卯 劫財正財	戊子 偏印傷官	乙酉 正財劫財	干支/神煞
太歲	福德	歲破	太陰	病符	神煞

108

(一) 以年干對照年月日時支。

(二) 以年支對照月日時支。

(三) 以月支對照年月日時支。

(四) 以日支對照年月時支。

(五) 日柱干支本身所帶來的吉凶神煞。

(六) 以日干對照年月日時支。

一、以年支對照月日時支神煞表

月日時支 ＼ 年支	金匱	紅鸞	天喜	龍德	福德	喪門	勾絞	五鬼	破碎	大耗	白虎	天狗
子	子	卯	酉	未	酉	寅	卯	辰	巳	午	申	戌
丑	酉	寅	申	申	戌	卯	辰	巳	丑	未	酉	亥
寅	午	丑	未	酉	亥	辰	巳	午	酉	申	戌	子
卯	卯	子	午	戌	子	巳	午	未	巳	酉	亥	丑
辰	子	亥	巳	亥	丑	午	未	申	丑	戌	子	寅
巳	酉	戌	辰	子	寅	未	申	酉	酉	亥	丑	卯
午	午	酉	卯	丑	卯	申	酉	戌	巳	子	寅	辰
未	卯	申	寅	寅	辰	酉	戌	亥	丑	丑	卯	巳
申	子	未	丑	卯	巳	戌	亥	子	酉	寅	辰	午
酉	酉	午	子	辰	午	亥	子	丑	巳	卯	巳	未
戌	午	巳	亥	巳	未	子	丑	寅	丑	辰	午	申
亥	卯	辰	戌	午	申	丑	寅	卯	酉	巳	未	酉

桃花	酉	午	卯	子	酉	午	卯	子	酉	午	卯	子
血刃	戌	酉	申	未	午	巳	辰	卯	寅	丑	子	亥
十一元辰	未	申	酉	戌	亥	子	丑	寅	卯	辰	巳	午
一十元辰	巳	午	未	申	酉	戌	亥	子	丑	寅	卯	辰
伏吟	子	丑	寅	卯	辰	巳	午	未	申	酉	戌	亥
劫煞	巳	寅	亥	申	巳	寅	亥	申	巳	寅	亥	申
災煞	午	卯	子	酉	午	卯	子	酉	午	卯	子	酉
六厄	卯	子	酉	午	卯	子	酉	午	卯	子	酉	午

【龍德】命中帶有龍德之人，萬事均可稱心如意、一切平順。凡事可逢凶化吉。

【福德】命中有福德星之人，諸事大吉，一生賺錢發財機會多，諸事順利如意。

主福祿福氣之星。

宜常祈福財寶天王、福德正神，自可平安、順利。

【金匱】命中有此星，很有機會成為各行業中之傑出人才，對金錢的運用及管理能力相當強，一生可當幹部或主管等職位。

【紅鸞】聽說命帶此星，一般都是男帥女美，在求財方面較能順心如意。常有喜樂事發生。常言道：「紅鸞星動、滿面春風。喜氣臨門。」

110

【天喜】命中有此星，男生相貌堂堂，女生面貌清秀。天天都是好日子，可能有桃花運喔。

【喪門】命帶此星。磁場較特殊，平常盡量避免送葬、探病，以免因沖犯煞氣導致生病而轉為壞運，流年走忌神運時，凡事會比較不順或有損財之事發生。宜常祈福三官大帝、觀音大士，自可平安、順利。

【歲破】命帶此星主破財、虛耗及多波折，故一生中如遇歲破之年，若不小心注意防範，會有較大的破財機會（女性尤忌），同時亦主一切不安、身體欠佳。宜常祈福三寶佛、安太歲君，自可平安、順利。

【勾絞】命中有此星，會比較容易引惹麻煩之事，一生中多是非麻煩，宜防口舌是非、訴訟之事發生，少管閒事就對啦。

【五鬼】主一生中容易犯口角官司，訴訟易受小人陷害或連累，遇事不講實話或拐彎抹角，甚至口出狂言，處事要小心為要。宜常祈福玄天上帝、文昌帝君，自可平安、順利。

【白虎】命帶此星為刑傷之星，入命容易有官司是非，且身體容易受傷，有血光、易破

財，甚至有交通意外事故。女命帶此星，個性較剛烈，行事果斷。

宜常祈福南斗星君，自可平安、順利。

【天狗】命帶此星為刑傷之星，入命身體易有損傷、破相，如流年逢之，防跌倒損傷、交通事故、遭小人暗害、疾病產生。

宜常祈福玄天上帝、文昌帝君，自可平安、順利。

【桃花】桃花之好壞，須配合命局喜用五行及吉凶神煞來參考論斷。

在年、月柱為「內桃花」。主夫妻恩愛，親人緣分佳。

在日、時柱為「外桃花」。與朋友之間互動較多。

若四柱地支有三柱以上的子、午、卯、酉者叫「遍野桃花」。

命帶桃花者，男女多半容貌俊俏或秀麗，人緣極佳，為人多情有時較貪慾。

與七煞同柱者，心情不定、行為不檢、好花錢。

【血刃】命帶血刃者，一生中容易發生意外受傷、流血，或手術開刀等事，對於尖銳物如尖刀、凶器等物比平常人敏感，接觸時要小心。

【元辰】流年大運逢之，做事易顛三倒四，生活會覺得不安定，可能會有意外，凡事較

神煞解說

神煞＼年支	子	丑	寅	卯	辰	巳	午	未	申	酉	戌	亥
鐵掃星　男	一	六	四	二	一	六	四	二	一	六	四	二
鐵掃星　女	十二	九	七	八	十二	九	七	八	十二	九	七	八

不能合本身意願。

【伏吟】書上說：「反吟伏吟、淚吟吟。」（反吟又叫沖）伏吟代表痛苦、憂鬱、破財，也主會受傷害，處事要小心，如能將其合化最好。

【劫煞】命帶劫煞者，主個性較為急躁，也表示一生多是非、破財不順，注意耳鼻、咽喉、小腸之疾病。若為喜用，其人具競爭力，行事有擔當。若為忌神，主獨裁，易遭意外之災。歲運逢之，主破財、遭朋友之連累、遭小偷被搶等不如意之事。

【災煞】主血光及水災、火災也，較會自甘墮落，若有福神相助，災難將無。

【六厄】一生易遭逢困難，主一生前途較艱困。如逢吉神同柱相助則會轉吉。

【鐵掃星】以年支見月令。

【鐵掃星】「男用女家財、女用男家財。」有鐵掃者，主一生較易破敗也較難聚財。

如能做好理財規劃，這顆星就不算什麼。

有分掃進（則吉）和掃出（不吉）。

十二鐵掃均順算（◎為掃入吉，×為掃出凶）

◎一、進掃	◎二、退掃
×三、衰掃	◎四、祿掃
◎五、旺掃	×六、刑掃
×七、沖掃	×八、破掃
×九、敗掃	◎十、鳳掃
◎十一、富掃	◎十二、從掃

申子辰年，男正月，女十二月。巳酉丑年，男六月，女九月。亥卯未年，男二月，女八月。寅午戌年，男四月，女七月，木人從寅起，火人亥算起，土人未算起，金人丑算起，水人未算起，算至時辰，看得數多少。一為進掃，二為退掃，三為衰掃，四為祿掃，五為旺掃，六為刑掃，七為沖掃，八為破掃，九為敗掃，十為鳳掃，十一為富掃，十二為從掃。

日干	算至時
木人	寅算起
火人	亥起行
土人	未從先
金人	丑作判
水人	未首看

要得知一個人的命宮地支，就用時支對應出生月之中氣就可得知命宮地支，最好還是查一下萬年曆出生的月日是否有跨月中氣之情況。

命宮	氣	節	寅宮	丑宮	子宮	亥宮	戌宮	酉宮	申宮	未宮	午宮	巳宮	辰宮
十二月	大寒	立春	子時	丑	寅	卯	辰	巳	午	未	酉	戌	亥
一月	雨水	驚蟄	亥時	子	丑	寅	卯	辰	巳	午	申	酉	戌
二月	春分	清明	戌時	亥	子	丑	寅	卯	辰	巳	未	申	酉
三月	穀雨	立夏	酉時	戌	亥	子	丑	寅	卯	辰	午	未	申
四月	小滿	芒種	申時	酉	戌	亥	子	丑	寅	卯	巳	午	未
五月	夏至	小暑	未時	申	酉	戌	亥	子	丑	寅	辰	巳	午
六月	大暑	立秋	午時	未	申	酉	戌	亥	子	丑	卯	辰	巳
七月	處暑	白露	巳時	午	未	申	酉	戌	亥	子	寅	卯	辰
八月	秋分	寒露	辰時	巳	午	未	申	酉	戌	亥	丑	寅	卯
九月	霜降	立冬	卯時	辰	巳	午	未	申	酉	戌	子	丑	寅
十月	小雪	大雪	寅時	卯	辰	巳	午	未	申	酉	亥	子	丑
十一月	冬至	小寒	丑時	寅	卯	辰	巳	午	未	申	戌	亥	子

例：於農曆47年10月17日06時生的人命宮在哪一宮？查萬年曆10、17之中氣爲小雪，依

115

公式得知：生在10月中氣爲小雪照表格對下來的卯時，可得是寅宮

例：於農曆47年10月17日06時生的人命宮在哪一宮？查萬年曆09、10之中氣不是霜降而是上個月秋分才對，依公式得知：生在09月中氣爲秋分照表表格對下來的卯時，可得是辰宮。

命宮的天干又如何求呢？用出生年之天干去對應已知的地支。

1、用五虎遁歌訣來作標準架構

甲己之年丙作首、乙庚之年戊爲頭、丙辛必定尋庚起、丁壬就從壬寅流、更有戊癸何方覓、甲寅之上好追求。

天干　　生年	甲己	乙庚	丙辛	丁壬	戊癸
寅	丙	戊	庚	壬	甲
卯	丁	己	辛	癸	乙
辰	戊	庚	壬	甲	丙
巳	己	辛	癸	乙	丁
午	庚	壬	甲	丙	戊
未	辛	癸	乙	丁	己
申	壬	甲	丙	戊	庚
酉	癸	乙	丁	己	辛
戌	甲	丙	戊	庚	壬
亥	乙	丁	己	辛	癸
子	丙	戊	庚	壬	甲
丑	丁	己	辛	癸	乙

116

例：於農曆47年10月17日06時生的人命宮在哪一宮？查萬年曆10、17之中氣爲小雪，依公式得知：生在10月中氣爲小雪照表格對下來的卯時，可得是寅宮。

該員出生年爲戊年生，所以將戊去對應寅，可得甲，所以該員之命宮爲甲寅。

以月支對照及年日時干支之神煞表

神煞＼月支	寅	卯	辰	巳	午	未	申	酉	戌	亥	子	丑
天德貴人	丁	申	壬	辛	亥	甲	癸	寅	丙	乙	巳	庚
月德貴人	丙	甲	壬	庚	丙	甲	壬	庚	丙	甲	壬	庚
天德合	壬	巳	丁	丙	寅	己	戊	亥	辛	庚	申	乙
月德合	辛	己	丁	乙	辛	己	丁	乙	辛	己	丁	乙
月破	申	酉	戌	亥	子	丑	寅	卯	辰	巳	午	未
血刃	丑	未	寅	申	卯	酉	辰	戌	巳	亥	午	子

【天德】命帶天德，與神佛有緣，一切皆能逢凶化吉，一生少凶險。能得福氣，常能絕處逢生，會有貴人來幫助。天德為福德之星，品性仁慈，好善樂施喔。

【月德】命中帶月德，表示有福分，一切皆能逢凶化吉，一生少災禍而能招吉祥，慈善、高尚，凡事得人心，也為福壽之星。

【月破】乃是虛耗之神也。入命主對身體不利，易破財、事業不振。居住之環境常變動、也常會與人有口角不和之事發生。

【天醫星】以月支見日支

神煞 月支	天醫
寅	丑
卯	寅
辰	卯
巳	辰
午	巳
未	午
申	未
酉	申
戌	酉
亥	戌
子	亥
丑	子

【天醫】為掌管疾病之星。天醫入命，有機會成為良醫。學習醫術比平常人更有天分，做事容易事半功倍。亦適合學習玄學、五術、哲學、心理等學科。

《以日干對照地支神煞表》

日干 \ 神煞	天乙貴人	文昌	學堂	金輿	祿神	沐浴	紅豔	羊刃	飛刃	墓庫	流霞
甲	丑未	巳	亥	辰	寅	子	午	卯	酉	未	酉
乙	子申	午	午	巳	卯	巳	申	辰	戌	戌	戌
丙	亥酉	申	寅	未	巳	卯	寅	午	子	戌	未
丁	亥酉	酉	酉	申	午	申	未	未	丑	丑	申
戊	丑未	申	寅	未	巳	卯	辰	午	子	戌	巳
己	子申	酉	酉	申	午	申	辰	未	丑	丑	午
庚	丑未	亥	巳	戌	申	午	戌	酉	卯	丑	辰
辛	午寅	子	子	亥	酉	亥	酉	戌	辰	辰	卯
壬	卯巳	寅	申	丑	亥	酉	子	子	午	辰	寅
癸	卯巳	卯	卯	寅	子	寅	申	丑	未	未	亥

【天乙貴人】天乙乃尊貴之神也，所到之處一切凶煞會自然消失，凡事能逢凶化吉。入命主聰明、反應快、人緣好、易得人相助、善交際、有功名、行運會有加分的效果。

【學堂】命帶學堂，代表才華出眾、思路清析、聰明俊秀。一生中發展性不錯，領悟力強會讀書，讀書可有成就，適合公職或教師之職。

【金輿】命中有金輿星，男女命可得良緣或得配偶，是有財富者（跟喜用神同柱）。會幫助親人，人際關係良好，男女長相較柔和親切，處事不急躁，生活快樂，親情較濃。

【祿神】祿神入命之人，行事較積極也較率性。處事活力十足，一生得安逸，財源可順利。祿最喜逢驛馬，祿馬交馳，財源廣進暢通。

【文昌】入命主可逢凶可化吉，為人心性聰明靈敏，表達能力好會變通。文筆流暢有才氣，氣質溫文儒雅，有內涵，也注重儀表。

【沐浴】也算是桃花的一種，一生中比較會有男女感情糾紛之事產生。

【紅艷】主人見人愛、多情多慾念，具有風流浪漫氣質，男女相貌俊秀美麗，結婚者比較會有婚外情。

【飛刃】一生中身體易有傷痕、血光，易破財也較會有交通意外事故，所以行為要特別

注意。

【墓庫】個性較內向也較固執，凡事會隱藏內心事，才華深藏不露，喜歡追根究底，做事有不積極傾向，但具潛能，遇事會有較多的疑問，常有精神不振現象，體質稍弱，但會有積蓄。

【羊刃】屬刀傷之星。個性剛強。入命主個性積極躁進，容易感情用事，行事激烈思慮欠周詳，較不利六親，做事敢做敢當。適武職、軍警、外科醫師、技術人員之工作。

【流霞】男命主口舌是非、車禍、災禍，言行需多注意。女命主產厄之災、流產，生產時比較會選擇剖腹生產。

以日支對地支神煞表

神煞 / 日支	將星	驛馬	華蓋	桃花	血刃	劫煞	隔角	亡神	孤辰	寡宿	伏吟	日破
子	子	寅	辰	酉	戌	巳	寅	亥	寅	戌	子	午
丑	酉	亥	丑	午	酉	寅	卯	申	寅	戌	丑	未
寅	午	申	戌	卯	申	亥	辰	巳	巳	丑	寅	申
卯	卯	巳	未	子	未	申	巳	寅	巳	丑	卯	酉
辰	子	寅	辰	酉	午	巳	午	亥	巳	丑	辰	戌
巳	酉	亥	丑	午	巳	寅	未	申	申	辰	巳	亥
午	午	申	戌	卯	辰	亥	申	巳	申	辰	午	子
未	卯	巳	未	子	卯	申	酉	寅	申	辰	未	丑
申	子	寅	辰	酉	寅	巳	戌	亥	亥	未	申	寅
酉	酉	亥	丑	午	丑	寅	亥	申	亥	未	酉	卯
戌	午	申	戌	卯	子	亥	子	巳	亥	未	戌	辰
亥	卯	巳	未	子	亥	申	丑	寅	寅	戌	亥	巳

122

以日支為主相關之神煞：

【將星】命帶此星，一生中會是一傑出之領導家，不是當老闆就是當主管，易掌權柄。將星忌會凶星，會助長凶煞之力。將星坐財，主掌財政。作官、掌官貴權位。坐殺、掌生殺之權。將星是一顆權力之星，文武兩相宜。

【驛馬】命帶此星，主奔波忙碌，經常外出，個性外向，心性較不穩定，適合出外發展，可能會常更換職業。適合從事行業為外交工作、外務人員、演員、司機、飲食店、作家、旅遊業、特種營業、推銷人員。

【亡神】又名官符，也代表失去也，入命與喜用神同柱，有權有威，懂謀略算計，富心機，凡事不露底，城府較深。入命為忌神時，心胸狹窄急躁，酒色不忌。若與凶煞同柱，其凶性更加明顯。主官司訴訟，失勢也。

【孤辰】命帶孤辰者，個性孤傲、孤癖，笑容少，較不利六親，同柱坐生旺稍可化解，如坐死絕不好，一生運勢較生不逢時，孤辰以日柱、時柱為重，六親或夫妻或子女互動較少。

孤辰在年柱時，民俗上最好過房，若不過房有可能會不聽父母的話。

男命帶孤辰，正財偏財星又逢死絕，表婚緣不佳，宜多溝通。女命帶孤辰，如正官七殺逢死絕，也表婚姻不美，宜多溝通。

【寡宿】命帶寡宿者，個性孤傲，沈默、笑容少，較不利六親，同柱坐生旺稍可化解，如坐死絕不好，一生運勢較生不逢時，孤辰以日柱、時柱為重，六親或夫妻或子女互動較少。

男命帶寡宿，正財偏財星又逢死絕，表婚緣不佳，宜多溝通。女命帶寡宿，如正官七殺逢死絕，也表婚姻不美，宜多溝通。

【華蓋】命中帶華蓋，主思想獨特，一生具備才藝、技藝、藝術、音樂、設計，具審美之天分，聰明好學，喜研究哲理、玄學、宗教等學問，有出世之心。一生中可發揮個人潛能，具孤獨之性向，六親較無為人寡慾、孤僻。一生與神佛有緣。

華蓋喜逢正印正官（同柱最佳），則是在官場社會上能有地位及成就。

華蓋落空亡，比較容易走僧道、和尚、尼姑，或不婚嫁。

華蓋落死絕或被沖剋，則幼兒較多災多病，不易扶養，生平亦多是非不順。

多大助力。

124

【隔角】命帶隔角，一生之中易犯官司訴訟或牢獄之災。命帶隔角者並非一定主牢獄官訟之災，有的人只是做事或出外易遭困難阻礙之情況發生。

【日破】命帶日破，表示個性起伏不定也較不受拘束，家中待不住，或夫妻較有離異之可能，或夫妻間易爭吵⋯或與子女不和，或子女健康差。

【外桃花】以日支見時支。

寅午戌日（日元）	生於卯時
申子辰日（日元）	生於酉時
巳酉丑日（日元）	生於午時
亥卯未日（日元）	生於子時

【外桃花】命帶外桃花。一生主較有色慾之念也喜好酒色，風流成性，重視物質生活享受，愛揮霍，喜歡在外逗留。

【三奇】：以日為主，順排者才算是，逆排者非也。

天上三奇：甲戊庚。（甲日戊月庚年）

地下三奇：乙丙丁。（乙日丙月丁年）

人中三奇：壬癸辛。（壬日癸月辛年）

【三奇】命帶三奇者，看起來總是才華洋溢，一生抱負極大，胸襟寬闊，有功名、有成就，精力充沛，人命若得三奇貴，爲人聰穎，是榮華福壽之人。

【六秀日】丙午、丁未、戊子、戊午、己丑、己未日生者。

【六秀日】命帶六秀日，主其人秀氣且聰明，有才華，博學多聞，有功名成就。

【魁罡】戊戌、庚辰、庚戌、壬辰、年月日時有即算。出生日現象較強烈。

【魁罡】命帶魁罡，其人膽大正直、性情剛直、行事果斷、領導力強、博學多能、掌權威、爲人嚴謹、操守佳，一生命運起伏大，好壞運程明顯，急性又好勝，積極又勤勞，不怕鬼邪，神鬼避之。男帶魁罡，做官及事業成就大；女帶魁罡，性剛烈。恐婦奪夫權，雖然多半爲美女，但一生之命運也多波折。個性上顯得很固執。

【天赦】：天赦貴。

【天赦】
春季（寅卯辰月）戊寅日生者。　夏季（巳午未月）甲午日生者。
秋季（申酉戌月）戊申日生者。　冬季（亥子丑月）甲子日生者。

【天赦】命帶天赦者，一生吉祥如意，凡事能逢凶化吉，是一顆能爲人解災禍之星，天赦入命，代表可得高官權貴，一生處世無憂，貴人扶助。

【三台貴】四柱地支遇「寅辰申」、「卯巳午」、「亥子酉」之三字全，即為三台貴。

【三台貴】有三台貴者，其人一生中可為官，掌權勢，可當公務員，運勢也不錯。

直接看日主的天干地支，如符合以下條件則稱之。

【福星貴】甲寅、乙丑、乙亥、丙子、丙戌、丁酉、戊申、己未、庚午、辛巳、壬辰、癸卯日生者。

【福星貴】福星入命，主一生福祿，財祿無缺，貴人常會降臨，比較能無憂無慮，一生也較易得名，博學多聞，為人寬厚，為福壽之命。福星貴人是眾人所欽仰之人。

【日德】甲寅、丙辰、戊辰、庚辰、壬戌日生者。

【日德】入命，主心性慈善、行事穩健、逢凶有得解、遇難有貴人救、福氣必豐厚。

【日貴】丁酉、丁亥、癸卯、癸巳日生者。

【日貴】入命，主為人重仁義道德，體態俊美，為人不高傲，個性很慈祥。喜有正財食神、正印來相助，則有貴氣又有福氣。

【進神】甲子、甲午、己卯、己酉日生者。

【進神】命帶進神，一生中發跡比別人快，容貌大多俊秀美麗。個性積極，做事果斷。

能獨立自主，有衝勁，男命則易因色破敗或犯桃花劫；女命爲很漂亮之美女，討人喜愛，不服輸，事業心強，但仍受桃花之困擾或多情慾。

【退神】丁丑、丁未、壬辰、壬戌日生者。

【退神】命值退神，工作上比較容易遭降薪或退職，行事推展不易也不順，成事較困難，做事如能退一步想想、以退爲進或許較爲有利，若欲強出頭，易反招致失敗。

【孤鸞】甲寅、乙巳、丙午、丁巳、戊午、戊申、辛亥、壬子、癸巳日生者。

【孤鸞】此星亦是最不利夫妻男女之煞神，男女命帶易犯桃花而分離，或夫婦性生活不美滿。

以P10命盤來看

此人先天帶有：天德合、月德合、羊刃、桃花、紅豔、金輿、喪門、祿神、文昌、亡神、孤辰、隔角、魁罡，請直接查神煞解釋。

第十一節　出生時的八字五行旺度

相生：金生水、水生木、木生火、火生土、土生金

相剋：金剋木、木剋土、土剋水、水剋火、火剋金

五行相生

五行相剋

天干地支五行四時表

五行 季節＼日干	木 甲乙 寅卯	火 丙丁 巳午	土 戊己 辰戌丑未	金 庚辛 申酉	水 壬癸 亥子
春木	旺	相	死	囚	休
夏火	休	旺	相	死	囚
季土	囚	休	旺	相	死
秋金	死	囚	休	旺	相
冬水	相	死	囚	休	旺
方位	東方	南方	中央	西方	北方

四時五行旺衰

五行就是木、火、土、金、水週行於天地之間。五行受時空影響後而產生旺衰起伏變化，並且呈週期的變化。五行四季變化所產生之現象分為五個過程：

是以月令和日主之間的關係：

(一)旺—指日干跟月令同五行者。如春季之木，得春季當令之氣旺助，為最旺。

（二）相—指日干被月令所生者。如春季屬木、木生火、火為相。猶子得母旺氣來生助為進氣。

（三）休—指日干生月令者。如春季之水，因為是旺者之前氣。氣漸漸退散，故為小衰。

（四）囚—指日干剋月令者。如春季之金，因為五行有反剋逆剋之作用，故囚為衰。

（五）死—指日干被月令所剋者。如春季之土，土被木剋故為衰絕死氣，為最衰。

故「木旺於春。火旺於夏。金旺於秋。水旺於冬。土旺於四季（四立前18天）。」

所以在簡單的批命上就可以用日主為中心，然後以月支來跟日主做比較，就可以知道該命盤是否得令。

以旺來給分大約可得90分

以相來給分大約可得80分

以休來給分大約可得60分

以囚來給分大約可得50分

以死來給分大約可得40分

就以P10命盤來看：庚日主被月令戌月所生者，稱為相，猶子得母旺氣來生助。

以相來給分大約可得80分

姓名	P10			性別	男
西元	1981 年				
	21	9	10	70	國曆
	21	12	9	70	農曆
	時	日	月	年	日期
主星	正官	日元	偏印	劫財	主星
天干	丁火	庚金	戊土	辛金	天干
地支	亥水	申金	戌土	酉金	地支
藏干	甲壬（木水）	戊壬庚（土水金）	丁辛戊（火金土）	辛（金）	藏干
副星	偏財食神	偏印食神比肩	正官劫財偏印	劫財	副星
十二運星	病 49-64	臨官 33-48	衰 17-32	帝旺 1-16	十二運星
特星神煞	孤辰 亡神 文昌 喪門	祿神	魁罡 陽刃 紅豔 金輿	桃花 羊刃 月德 天德合 合	特星神煞
歲 / 大運	71-80 庚寅 61-70 辛卯 51-60 壬辰 41-50 癸巳 31-40 甲午 21-30 乙未 11-20 丙申 1-10 丁酉				歲 / 大運

（天干：刑）（地支：害 害）

金27
土16　水7
火7　木3

	比肩	劫財	食神	傷官	正財	偏財	正官	七殺	正印	偏印
金27	2	2								
水7			1	0						
木3					0	0				
火7							1	0		
土16									0	2

出生後0年4個月又19天交大運

星座：天秤座
忌神：金土
喜用神：水木火
空亡：子丑子丑
血型：O
格局：偏印格
命宮：丙申
胎元：己丑
胎息：乙巳
天運五行：木

104（35歲）	101（32歲）	98（29歲）	95（26歲）	92（23歲）	年
乙未 正財正印	壬辰 食神偏印	己丑 正印偏印	丙戌 七殺偏印	癸未 傷官正印	干支 神煞
天狗	龍德	五鬼	太陽	天狗	神煞
105（36歲）	102（33歲）	99（30歲）	96（27歲）	93（24歲）	年
丙申 七殺比肩	癸巳 傷官七殺	庚寅 比肩偏財	丁亥 正官食神	甲申 偏財比肩	干支 神煞
病符	白虎	小耗	喪門	病符	神煞
106（37歲）	103（34歲）	100（31歲）	97（28歲）	94（25歲）	年
丁酉 正官劫財	甲午 偏財正官	辛卯 劫財正財	戊子 偏印傷官	乙酉 正財劫財	干支 神煞
太歲	福德	歲破	太陰	太歲	神煞

第十二節　十二長生的的定義

天干因配合於十二地支繞行，同樣會產生十二階段之旺衰變化，那就是號稱的「天干十二長生」。即是「長生、沐浴、冠帶、臨官、帝旺、衰、病、死、墓、絕、胎、養」來代表人出生時的一種定數，以下我們就來解釋十二長生在各柱的現象。

P11命盤範例

五行統計（圓盤）：
- 金 10（比肩 劫財 10）
- 水 7（食神 傷官 10）
- 土 14（偏印 正印 1）
- 火 21（七殺 正官 21）
- 木 8（偏財 正財 10）

星座：金牛座
忌神：火
喜神：金土
用神：金土
空亡：申酉寅卯
血型：A
格局：七殺格
命宮：癸丑
胎元：丙申
胎息：乙卯
天運五行：水

出生後 9 個月又 13 天交大運

姓名	P11			性別	女
西元	1997 年				
國曆	21	8	5	86	
農曆	21	2	4	86	

時	日	月	年	日期
正官	日元	正財	正官	主星
丁火	庚金	乙木	丁火	天干
亥水	戌土	巳火	丑土	地支
甲壬（木水）	丁辛戊（火金土）	庚戊丙（金土火）	辛癸己（金水土）	藏干
偏財 食神	正官 劫財 偏印	比肩 偏印 七殺	劫財 傷官 正印	副星
病 49-64	衰 33-48	長生 17-32	墓 1-16	十二運星
劫煞 文昌 月破 天狗 孤辰	紅艷 金盤 月德 福德 華蓋 十靈日	亡神 學堂 福德鬼 魁罡日	天乙貴人 五庫	特星神煞

80|89	70|79	60|69	50|59	40|49	30|39	20|29	10|19	歲
癸丑	壬子	辛亥	庚戌	己酉	戊申	丁未	丙午	大運

104 (19歲)	101 (16歲)	98 (13歲)	95 (10歲)	92 (7歲)	年
乙 正財／未 正印	壬 食神／辰 偏印	己 正印／丑 正印	丙 七殺／戌 偏印	癸 傷官／未 正印	干支
歲破	太陰	太歲	福德	歲破	神煞
105 (20歲)	102 (17歲)	99 (14歲)	96 (11歲)	93 (8歲)	年
丙 七殺／申 比肩	癸 傷官／巳 七殺	庚 比肩／寅 偏財	丁 正官／亥 食神	甲 偏財／申 比肩	干支
龍德	五鬼	太陽	天狗	龍德	神煞
106 (21歲)	103 (18歲)	100 (15歲)	97 (12歲)	94 (9歲)	年
丁 正官／酉 劫財	甲 偏財／午 正官	辛 劫財／卯 正財	戊 偏印／子 傷官	乙 正財／酉 劫財	干支
白虎	小耗	喪門	病符	白虎	神煞

長生—如同人剛剛出生之時按部就班，能步步高升，慢慢發跡，身心健康。

沐浴—人出生後要沐浴去髒垢，所以凡事容易半途而廢，做事常有始無終，較難獲得大成就。

冠帶—人已到成年而有所成就也就是戴冠之時，運勢聲望都不錯，人格圓滿也擅於交際，處事手腕不錯。

臨官—人由成長而成年、出外做事或為官，均能敦厚圓滿，聰明、人品極佳，有旺盛之企圖心，乃是富貴之命勢。

帝旺—人生到最有成就之時，很有旺盛之企圖心，毅力很堅強，魄力十足，自我觀念重，人生運勢十分強旺，但有如履薄冰之感。

衰—物極必反，運好像已漸漸走下坡，凡事比較消極畏縮，猜疑心也重，好幻想且進取心不足。

病—人漸漸衰弱後就會有一些病痛，為人富同情心，有人情味也樂於助人，喜閒靜生活，嫉妒心稍強些。

死—人病太重則會死亡，也表示極端聰明，唯易迷失自己，常自尋煩惱。

墓—也叫做「庫」，就像人死後進入墳墓。個性內向保守，財運不錯，故宜打開胸襟，努力往前進，才不會故步自封。

絕—人死後進入墳墓後身體慢慢腐爛，也表是凡事易輕舉妄動，人生運勢不太安定，宜事事謹慎多留意。

胎—生命之開始，受氣成胎，表好奇心重，研究心旺盛，充滿人情味，具幽默感，凡事講義氣，唯稍會有見異思遷之現象。

養—母體內之胎漸漸孕育成長，有依賴心，凡事會認真負責，講求實力主義，事業運頗佳。

十二長生查表法

以日干去對應四柱年、月、日、時即可得十二長生。

現象／日干	長生	沐浴	冠帶	臨官	帝旺	衰	病	死	墓	絕	胎	養
甲	亥	子	丑	寅	卯	辰	巳	午	未	申	酉	戌
乙	午	巳	辰	卯	寅	丑	子	亥	戌	酉	申	未
丙	寅	卯	辰	巳	午	未	申	酉	戌	亥	子	丑
丁	酉	申	未	午	巳	辰	卯	寅	丑	子	亥	戌
戊	寅	卯	辰	巳	午	未	申	酉	戌	亥	子	丑
己	酉	申	未	午	巳	辰	卯	寅	丑	子	亥	戌
庚	巳	午	未	申	酉	戌	亥	子	丑	寅	卯	辰
辛	子	亥	戌	酉	申	未	午	巳	辰	卯	寅	丑
壬	申	酉	戌	亥	子	丑	寅	卯	辰	巳	午	未
癸	卯	寅	丑	子	亥	戌	酉	申	未	午	巳	辰

十二長生運在命局上之論法

人生命運十二現象曲線圖

長生：在四柱上的各別現象

年柱：小時候能受到父母幫助，年輕時就能有展露才華之機會。

月柱：青年時期容易得到長官提攜扶持，事業上有良好發展、也能享受幸福。

日柱：為人有品德、有名望、才華出眾。夫妻也蠻恩愛的、可得幸福美滿。

時柱：晚運不錯，子女才華出眾也能出名，子女聰穎健康。

沐浴：在四柱上的各別現象

137

年柱：幼年或少年運變化較多，父母感情也有較多的變化，可能會離鄉奮鬥。

月柱：青年時期在工作、事業、家庭上較不安定，可能會有較多的變動。手足間意見多。

日柱：夫妻感情間多變化，配偶異性緣較濃，比較有犯桃花的機會。

時柱：晚年生活較不安定，有可能常搬家或工作上的遷移，子女大多不在身邊。

冠帶：在四柱上的各別現象

年柱：可能少年就得志，是一個聰穎活潑的孩子，能得父母疼愛，當然會有出名的機會。

月柱：青年期事業可獲發展，工作一學就會，也會受長官的提拔。

日柱：好勝心強、有耐性，做事有始有終，中年後事業會有大進展，一生中會有名望與聲譽。

時柱：晚運會有不錯的機運，子女有成，老來不用煩惱，有錢又有閒。

臨官：在四柱上的各別現象

年柱：可能是出身時家境還不錯，一生適於自營事業或創業亦可。

月柱：離鄉發展較佳，凡事能獨立自主，時屆壯年左右就能步入佳境。

日柱：可承家業或繼承他人事業。能廣結人緣，處處受人歡迎，可獲名望。

時柱：晚年可享豐碩生活。

帝旺：在四柱上的各別現象

年柱：一般家境良好，有積極進取、獨立自主之精神，充滿雄心壯志。

月柱：自尊心很強，不喜受人差遣、支使，看似很有骨氣、很有個性。

日柱：個性勇敢堅忍，如果身處逆境也會絕處逢生，是一個不懦弱、不悲觀的人。

時柱：意志很堅強，行事積極奮進，終會有所成就，子女們充滿堅強鬥志。

衰：在四柱上的各別現象

年柱：出生時環境不佳，幼年時備受艱辛、困頓生活，身體衰弱也較虛。

月柱：青年期運勢不佳，凡事易受打擊或挫折。

日柱：婚姻運比較弱，異性緣也比較差，成家後比較難得有美滿狀況。

時柱：年老身體衰弱，晚運較差，子女身體較衰弱。

病：在四柱上的各別現象

年柱：父母健康不佳，在運勢低落之時出生，先天可能體弱多病。

月柱：內心比較悲觀消極，自尋苦惱，不思奮鬥進取。

日柱：配偶身體健康不佳，婚姻難得美滿。

時柱：晚年工作或事業多波折，難有清閒。子女健康欠佳、多病。

死：在四柱上的各別現象

年柱：少年時性格消極，缺乏積極進取。

月柱：青年期運勢低落，手足、朋友情分較淡薄、無情。

日柱：婚姻關係漸趨冷淡，彼此缺乏共識沒有改變的心態，易亮紅燈。

時柱：晚年多阻滯不順，子女緣薄，獲子息機會較慢。

墓：在四柱上的各別現象

年柱：出生於經濟持平家庭，幼年時可能較貧困。

月柱：為人節儉小氣，會儲存錢財但收入不豐。中年後方有轉機。

日柱：總是辛苦度日，一生變動較大，生活吝嗇、節儉。

時柱：子嗣可能較少或操心困擾，晚年時開花結果，可享辛勞成果。

絕：在四柱上的各別現象

年柱：沒有祖業可得，能自立創業，唯個性急躁激進。

月柱：不善交際，會避開群眾而孤立，一生多變動。

日柱：夫妻易分離，總是喜新厭舊、花俏風流、衝動急躁。

時柱：對子女完全放任、漠視，與子女互動差，關係冷淡。

胎：在四柱上的各別現象

年柱：出生時值父母變動期，性格開朗，意志較不堅定，易受他人左右。

月柱：青年期工作、事業起伏不定，可能時常變換。

日柱：是一個能言善道之人，易搬弄是非，禍從口出。

時柱：如果是女命懷孕比率高，易生子女，男命依賴心強。

養：在四柱上的各別現象

年柱：一生中受到父母薰陶、培養，與雙親緣分濃厚。

月柱：可能會因異性問題而有所糾葛，會追求婚外情。

日柱：婚姻路途看似美滿、融合。

時柱：晚年時子女孝順也會得到奉養。

例11命盤之十二長生解釋對照如下：

金 10
比肩 劫財 10

14 土　正印 偏印 印 11

7 水　食神 傷官 10

21 火　正官 七殺 官 21

木 8　正財 偏財 財 10

出生後9年4個月又13天交大運

星座：金牛座
忌神：火土
喜用神：金土
空亡七：申酉
血型：A
格局：七殺格
命宮：申寅卯
胎元：癸丑
胎息：丙申
天運五行：乙卯　水

姓名	P11		性別	女
西元		1997 年		
21	8	5	86	國曆
21	2	4	86	農曆
時	日	月	年	日期
正官	日元	正財	正官	主星
丁火	庚金	乙木	丁火	天干
亥水	戌土	巳火	丑土	地支
甲壬 木水	丁辛戊 火金土	庚戊丙 金土火	辛癸己 金水土	藏干
偏食 財神	正劫偏 官印	比偏七 肩印殺	劫傷正 財官印	副星
病 49-64	衰 33-48	長生 17-32	墓 1-16	十二運星
劫文月天 煞昌破狗 孤辰	紅金月福 豔興德德 貴人 十魁華 靈罡蓋 日	七學月五 神堂德鬼 合	天墓 墓庫 貴人	特星神煞
80 | 89	70 | 79	60 | 69　50 | 59	40 | 49　30 | 39	20 | 29　10 | 19	歲
癸丑　壬子	辛亥　庚戌	己酉　戊申	丁未　丙午	大運

104 (19歲)	101 (16歲)	98 (13歲)	95 (10歲)	92 (7歲)	年
乙未 正財 正印	壬辰 食神 偏印	己丑 正印 正印	丙戌 七殺 偏印	癸未 傷官 正印	干支
歲破	太陰	太歲	福德	歲破	神煞
105 (20歲)	102 (17歲)	99 (14歲)	96 (11歲)	93 (8歲)	年
丙申 七殺 比肩	癸巳 傷官 七殺	庚寅 比肩 正財	丁亥 正官 食神	甲申 偏財 比肩	干支
龍德	五鬼	太陽	天狗	龍德	神煞
106 (21歲)	103 (18歲)	100 (15歲)	97 (12歲)	94 (9歲)	年
丁酉 正官 劫財	甲午 偏財 正官	辛卯 劫財 正財	戊子 偏印 傷官	乙酉 正財 劫財	干支
白虎	小耗	喪門	病符	白虎	神煞

墓：在年柱上的現象

年柱：出生於經濟較小康之家庭，幼年時經濟可能較差。

長生：在月柱上的現象

月柱：青年時期易得長官提攜與扶持，事業會有所發展也能享幸福。

衰：在日柱上的現象

日柱：婚姻運比較弱，異性緣也比較差，成家後比較難得有美滿狀況。

病：在時柱上的現象

時柱：晚年工作或事業多波折，難得清閒。子女健康欠佳、多病。

第十三節 「空亡」又是什麼？

空亡的意義為虛無飄渺的意識，表示沒有、不實、消失、滅亡、徒勞無功之意。

八字空亡分年空亡及日空亡兩種、以下表格為六十甲子中各旬空亡情形

六甲旬空亡表

六甲旬干支										空亡
甲子	乙丑	丙寅	丁卯	戊辰	己巳	庚午	辛未	壬申	癸酉	戌亥
甲戌	乙亥	丙子	丁丑	戊寅	己卯	庚辰	辛巳	壬午	癸未	申酉
甲申	乙酉	丙戌	丁亥	戊子	己丑	庚寅	辛卯	壬辰	癸巳	午未
甲午	乙未	丙申	丁酉	戊戌	己亥	庚子	辛丑	壬寅	癸卯	辰巳
甲辰	乙巳	丙午	丁未	戊申	己酉	庚戌	辛亥	壬子	癸丑	寅卯
甲寅	乙卯	丙辰	丁巳	戊午	己未	庚申	辛酉	壬戌	癸亥	子丑

```
            火 13
          比 劫
          肩 財
           2 0
12          正 偏          食 傷      21
木          印 印          神 官
           0 1           2 1
           正 七          正 偏
           官 殺          財 財
           0 2           0 0
12  水                           金  2
```

出生後2年5個月又30天交大運

空亡：戌亥午未

忌神：火木	喜用神：金水木	星座：牡羊座	血型：AB	格局：食神格	命宮：寅	胎元：庚寅	胎息：癸未	天運五行：火	天運五行：辛卯

姓名	P12		性別	女
西元		1986 年		
22	12	4	75	圓曆
22	4	3	75	農曆
時	日	月	年	日期
傷官	日元	七殺	比肩	主星
己土	丙火	壬水	丙火	天干
	←剋→	←剋→		
		半三合		
亥水	戌土	辰土	寅木	地支
	←沖→	冲合		
甲壬 木水	丁辛戊 火金土	癸乙戊 水木土	戊丙甲 土火木	藏干
偏七 印殺	劫正食 財財神	正正食 官印神	食比偏 神肩印	副星
絕 49-64	墓 33-48	冠帶 17-32	長生 1-16	十二運星
孤天劫福 辰乙煞德 貴 人	華墓月白 蓋庫破虎 破 福 星 貴	月天喪 德德門 貴貴 人人 魁 罡	紅擧血 鸞堂刃	特星神煞

104 (30歲)	101 (27歲)	98 (24歲)	95 (21歲)	92 (18歲)	年
乙正印 未正官	壬七殺 辰食神	己傷官 丑傷官	丙比肩 戌食神	癸正官 未傷官	干支
小耗	喪門	病符	白虎	小耗	神煞
105 (31歲)	102 (28歲)	99 (25歲)	96 (22歲)	93 (19歲)	年
丙比肩 申偏財	癸正官 巳比肩	庚偏財 寅偏印	丁劫財 亥七殺	甲偏印 申偏財	干支
歲破	太陰	太歲	福德	歲破	神煞
106 (32歲)	103 (26歲)	100 (26歲)	97 (23歲)	94 (20歲)	年
丁劫財 酉正財	甲偏印 午劫財	辛正財 卯正印	戊食神 子正官	乙正印 巳正財	干支
龍德	五鬼	太陽	天狗	龍德	神煞

73 │ 82	63 │ 72	53 │ 62	43 │ 52	33 │ 42	23 │ 32	13 │ 22	3 │ 12	歲
甲申	乙酉	丙戌	丁亥	戊子	己丑	庚寅	辛卯	大運

145

以P12命盤爲例：出生年爲丙寅年，查「六甲旬空亡表」該排最後一行戌亥爲空亡

以P12命盤爲例：出生日爲丙戌日，查「六甲旬空亡表」該排最後一行午未爲空亡

命盤四柱中空亡若逢沖合可稍化解空亡之力，但並不能完全使空亡力量全部失去效力。

四柱八字查「空亡」，皆以「年柱」及「日柱」干支來對照查之。

稱年空亡及日空亡

「空亡」乃是十天干配不到地支者，剩餘兩字叫作「空亡」論。

四柱八字中如有空亡，那會使所臨之柱變成「空」而消失。

如年柱空亡：代表幼少年運1～16歲，辛苦、不順、較無祖產可得，或與母早別離。

也代表此生在獲得祖先、長輩、父母親以及工作上司的助力會很少，也就是得不到長上的強大幫助，適合外鄉發展，白手起家。

如月柱空亡：代表青年運17～32歲，學業、家庭、事業多阻逆，也代表此生在獲得兄弟姊妹或父母親的助力不大、以及本人內心的特性及創意性全被空亡壓抑，才能無法發揮，與父母、兄弟也較緣薄。

如日柱空亡：代表中年運33～48歲，家庭、事業多阻礙，夫妻難白首偕老，或早別離、

146

論十二運星與空亡之各種現象

十二長生該柱位下之地支如爲空亡，就有可能有以下各種現象：

長生十空亡：可能跟親人緣薄且淡，缺乏助力，須自立。

沐浴十空亡：一生中可能較會奔走變動，生活較不安定。

冠帶十空亡：凡事自負容易產生挫折，名譽上也較容易受損。

◎如柱中有吉神、貴人、喜神或用神落空亡時，那吉祥之力將減半。

◎如柱中有惡神、煞神、忌神落入空亡則可減其凶力。

◎如局中三空反而不見得不好，乃空亡物極必反之現象。

如時柱空亡：代表晚運49歲以後多阻礙困頓，老年較孤寂，子息、下屬緣較薄，子女稀少或多生女，本身晚運較孤獨、困乏。也代表此生在事業、家庭、人際關係及子孫、學生、部屬、員工之間的對待無法得到滿意的狀況，互相扶持的助力也不大。

不大。夫妻緣較薄或婚姻較不順。

或有損本身之運勢。也代表此生你在外界的表現無法很理想也無法很如願，且配偶的幫助也

臨官十空亡：會爲他人擔保而受累，夫妻常會爭吵、奔波。

帝旺十空亡：與配偶、子女緣薄且淡，且目標易改變，一生成敗兩極。

衰十空亡：心情常感不安和不踏實，且有神經質，也較感孤獨。

病十空亡：身體、心態呈病弱狀態，容易受外來因素影響情緒。

死十空亡：心態純眞，因不善交際故一生不宜從商。

墓十空亡：可能會與人爭吵或不睦，親族也可能會受辱，也會喜新厭舊。

絕十空亡：爲滿足現實物質生活而有計劃去執行。

胎十空亡：心性起伏大，疑心病很重。

養十空亡：做事不穩當，住所及職業常變動。

比肩逢空亡：

兄弟姊妹間之緣分薄，或易早別離，或不睦，在未來的合夥事業上較不順利，比較容易吃虧，手足、朋友、同事、同業間少往來較無助力。

劫財逢空亡：

兄弟姊妹間之緣分薄，或易早別離，或不睦，在未來的合夥事業上較不順利，比較容易

吃虧，手足、朋友、同事、同業間少往來較無助力。

食神逢空亡：

女命：食神空亡，子女間親情較薄，或多生男孩之兆，或有墮胎之情形，或有流產之慮。

男命：食神逢空亡者，男孩較少，若食神為用神而空亡，則本人不善思考較易出問題，與子女之間關係差。

傷官逢空亡：

男命傷官：空亡，易與子女不和，或經商缺乏貴人之助力。

女命傷官：空亡，易損子息，或較不生男、多生女，婚姻易遭阻擾、波折或有較多之口舌，結婚後與公婆不易溝通，與子息緣分薄，有流產之慮。

正財逢空亡：

正財逢空亡，代表著財務運轉不順暢，一生中身上無大財，但並非無財可帶，只是無權支配，且在未來恐有事業損失或改業之象，而且要防財務被盜而致損失，男命：正財星空亡，比較容易與原配夫人之感情有變卦，離異或分居之象，有再婚或配偶身體病弱之情況發亡，

生，不論男女正財空亡，比較容易破財，有財來財去較不易聚財之現象。

偏財逢空亡：

偏財代表父親，逢空亡，代表與父親感情容易變得淡薄，父緣由佳轉差，或父親身體有病弱之象，男命偏財逢空亡，易與原配分離，有再娶、喪偶或妻子有病弱之現象，偏財亦是財務，逢空亡，代表財權旁落，易有破財、破產、事業損失或改業的現象發生，或有財來財去積財不易之現象。

正官逢空亡：

正官對於女性而言，是丈夫，也代表著行政大權，且與學歷及官運有關係。正官空亡，學歷總因意外而有所變化，原本應有的學歷因空亡而受到打斷，總是不能如願。職場上亦升官無望，縱使獲得官位，亦不能長久在位，女命一個正官在月柱或日柱而空亡者，容易和丈夫有生離或死別之象，不在月日兩柱而空亡者，亦易與原配之感情有所變化，有分居可能，若原命正官有兩位以上，其中一個落入空亡，乃離婚再嫁之兆。若原命盤不見正官，而有七殺落入空亡，也是與原配有分離之現象。

七殺逢空亡

如從政爲官者，易失敗或失權、失勢，男命七殺逢空亡，不易生兒子，而且其男兒較遲才能說話；女命七殺空亡者，夫緣差，容易有婚變，官殺混雜，其中一官殺逢空亡之女命，對婚姻反而較無波折。

正印逢空亡：

正印亦是母親，逢空亡者，與母親緣分易由佳轉壞，或母親多病痛，若本上正印、偏印兩者俱現，僅偏印逢空亡者，尚不致影響母親或本身學業。正印逢空亡，會有退票或申請文件被駁回之象，正印代表契約、文書、權柄或學術，若逢空亡者，學術上雖有成就，但也要注意與文書有關之權利會喪失，或因而受害，對於簽訂契約、稅金、支票本票類之與文書有關者，均宜小心處理以免受害。

偏印逢空亡：

偏印亦是繼母、祖父母，逢空亡者，與母親或繼母、祖父母緣分易由佳轉壞，或母親多病痛，偏印逢空亡，會有逃避責任的現象，心情不安定，對事情的判斷容易反覆不定，名聲易受損，少貴人相助。

第十四節 本命八字五行分數算法

吉祥坊易經開運中心八字軟體命盤中各五行得分解說表

以下圖行中各五行基本都定為12分，五行共60分

P13 命盤範例

水 15　比肩2 劫財1
20金　正印3.0 偏印
8木　食神 傷官
5土　正官 七殺
12火　正財 偏財

星座：雙子座
忌神：水金
喜神：火土
用神：火土
空亡：子丑辰巳
血型：A
格局：偏財格
命宮：庚子
胎元：甲子
胎息：己巳
天運五行：丁亥

出生後6年3個月又27天交大運

姓名	P13			性別	男
西元	1981 年				
22	24	5	70	國曆	
22	21	4	70	農曆	
時	日	月	年	日期	
正印	日元	劫財	正印	主星	
辛金	壬水	癸水	辛金	天干	
亥	寅	巳	酉	地支	
甲壬	戊丙甲	庚戊丙	辛	藏干副星	
食比神肩	七偏食殺印神	偏七偏印殺財	正印		
臨官 49-64	病 33-48	絕 17-32	沐浴 1-16	十二運星	

神煞・特星

歲	77/86 乙酉	67/76 丙戌	57/66 丁亥	47/56 戊子	37/46 己丑	27/36 庚寅	17/26 辛卯	7/16 壬辰	大運

104 (35歲)	101 (32歲)	98 (29歲)	95 (26歲)	92 (23歲)	年
乙 傷官 未 正官	壬 比肩 辰 七殺	己 正官 丑 正官	丙 七殺 戌 七殺	癸 劫財 未 正官	干支
天狗	龍德	五鬼	太陽	天狗	神煞
105 (36歲)	102 (33歲)	99 (30歲)	96 (27歲)	93 (24歲)	年
丙 偏財 申 偏印	癸 劫財 巳 偏財	庚 偏印 寅 食神	丁 正財 亥 比肩	甲 食神 申 偏印	干支
病符	白虎	小耗	喪門	病符	神煞
106 (37歲)	103 (34歲)	100 (31歲)	97 (28歲)	94 (25歲)	年
丁 正財 酉 正印	甲 食神 午 正財	辛 正印 卯 傷官	戊 七殺 子 劫財	乙 偏官 酉 正印	干支
太歲	福德	太陰	五鬼	太歲	神煞

以上各五行之得分是由圖六而來的

五行得分一覽表（圖六）

天干在年、月、日、時干時得分狀況

天干	甲木	乙木	丙火	丁火	戊土	己土	庚金	辛金	壬水	癸水
得分	5	5	5	5	5	5	5	5	5	5

在四柱地支藏干中之天干一覽表，如藏干有三字則分主氣、餘氣、雜氣

地支藏干在「年、日、時」支時主氣、餘氣、雜氣得分狀況，每個地支分數為8分

地支	子	丑	寅	卯	辰	巳	午	未	申	酉	戌	亥
藏干	癸	辛癸己	戊丙甲	乙	癸乙戊	庚戊丙	己丁	乙丁己	戊壬庚	辛	丁辛戊	甲壬
得分	8	1、2、5	1、2、5	8	1、2、5	1、2、5	3、5	1、2、5	1、2、5	8	1、2、5	3、5

地支藏干在「月」支時主氣、餘氣、雜氣得分狀況，在月支分數為16分

地支	子	丑	寅	卯	辰	巳	午	未	申	酉	戌	亥
藏干	癸	辛癸己	戊丙甲	乙	癸乙戊	庚戊丙	己丁	乙丁己	戊壬庚	辛	丁辛戊	甲壬
得分	16	2、4、10	2、4、10	16	2、4、10	2、4、10	6、10	2、4、10	2、4、10	16	2、4、10	6、10

153

以上得分直接對應到命盤的干支加總後即可得知：五行分數總分為60分，有了這個分數

後我們就可一目了然得知哪一個五行太多、太少。

那什麼是叫八字改運？就是命盤中之五行將其調整平均為原則，也就等於多退少補。

將本命盤中得分最高的五行用奇門遁的方式將它合化成喜用神。

將本命盤中得分最低的五行用奇門遁的方式將它補足叫補喜用神。

以p13命盤為例

（2）共20分

金的分數：年天干（辛金5）＋時天干（辛金5）＋年藏干（辛金8）＋月藏干（庚金

水的分數：月天干（癸水5）＋日天干（壬水5）＋時藏干（壬水5）共15分

木的分數：日藏干（甲木5）＋時藏干（甲木3）共8分

火的分數：月藏干（丙火10）＋日藏干（丙火2）共12分

土的分數：月藏干（戊土4）＋日藏干（戊土1）共5分

全部五行加起來共60分

第十五節　胎元、胎息之排法及應用

◎胎元排法

例如月柱干支為乙丑月，月干乙進一位為丙，月支進三位為辰，故胎元為丙辰。

胎元之意即受胎之月也。胎元之說法是以正常人之胎期十月為準，但在實際人之受胎至誕生的胎期，有的提早或延後，或有七月、八月、九月、十月，因此胎元理論與實際往往有出入而不能完全相合。胎元屬先天，乃人於母親腹中未生之時，懷孕時之契機。胎元干支與月柱干支乃同源而出，故其重要性不可不知，其重要性僅次於月柱。

◎胎元之應用：

1．輔助四柱八字來參看，視其為喜或忌神而決定吉凶。

2．胎月見貴，必有福分；刑衝破害，勞苦艱辛。

3．鬼谷子曰：「胎中如有祿，生在貴豪家；或值空亡中，貧窮起怨差。」

4．以胎元作爲一生富貴貧賤之重要參考，以補四柱之不足。

5．「凡人胎數長，壽必長；胎數短，壽必短。更看納音何如？若胎元與時之干支納音五行相生不刑剋者，主壽。」

6．胎元受胎之月份，其月支所屬之身體器官部位有可能是日後最容易生病之部位。

7．胎元與四柱忌逢沖刑害，若逢沖刑害之情形，爲胎元受損傷，會應驗在胎元所代表身體腑臟部位，或母親在懷孕或生產時有難產或疾病。

8．「胎元『生』命爲吉，『剋』命不利」。如乙丑年生人，納音金，若是乙未月生，得甲辰（胎元納音火），火剋金，即爲剋命不吉。

（胎元爲丙戌納音土），土生金，即爲胎元生命吉利；若是癸丑月生，得甲辰（胎元納音火），火剋金，即爲剋命不吉。

9．原命局若無用神可取，可參考胎元取用神。

10．原命局有病缺藥取用，可參考胎元斟酌取用。

受胎之月，胎元與命生剋之吉凶，可用作生育兒女優生學，選擇吉月受胎之參考。

胎息（息元）

156

與日柱干支相合者，即為胎息。

例如日柱為甲午，與日干甲相合為己，與日支午相合者為未，故己未即為胎息。

大抵而言，胎元為先天（受胎之月），胎息為後天。故有「先天胎元，後天息元」之說法。唯實際使用上，胎元因對四柱八字較有影響，可供論命時之參考：胎息（息元）因傳統古書有此一說，認為胎息為受胎之「時」，但實際論命上僅供參考用。

第十六節 八字身強、身弱算最簡單的判斷法

P14 為身弱盤 小於25～30

姓名	P14		性別	女
西元		1972 年		
22	16	4	61	國曆
22	3	3	61	農曆
時	日	月	年	日期
偏財	日元	正印	正官	主星
辛金	丁火	甲木	壬水	天干
亥水	丑土	辰土	子水	地支
甲壬 木水	辛癸己 金水土	癸乙戊 水木土	癸 水	藏干 副星
正印	偏財七殺食神	七殺傷官偏印	七殺	正副星
胎 49-64	墓 33-48	衰 17-32	絕 1-16	十二運星
驛馬乙貴人 退華神蓋	墓飛月天 庫刃德德 合合	五鬼	月天德貴人	特星神煞

74 83 丙申	64 73 丁酉	54 63 戊戌	44 53 己亥	34 43 庚子	24 33 辛丑	14 23 壬寅	4 13 癸卯	歲 大運

出生後3年11個月又18天交大運

天運五行：壬子木
胎息：壬未
胎元：乙寅
命宮：0
格局：傷官格
血型：0
星座：牡羊座

星神：土水
忌神：火木
喜用神：寅卯
空亡：申酉

圓圖：
火 5　比劫 10　傷官 11
土 15　食神 11　偏財 01
金 6　正官 七殺 21　偏財 正財 01
水 22
木 12　偏印 10　正印 10

年干支 神煞	104 (44歲) 乙未 偏印食神 龍德	101 (41歲) 壬辰 正官傷官 五鬼	98 (38歲) 己丑 食神食神 太陽	95 (35歲) 丙戌 劫財傷官 天狗	92 (32歲) 癸未 七殺食神 龍德
	105 (45歲) 丙申 劫財正財 白虎	102 (42歲) 癸巳 七殺劫財 小耗	99 (39歲) 庚寅 正財正印 喪門	96 (36歲) 丁亥 比肩正官 病符	93 (33歲) 甲申 正印正財 白虎
	106 (46歲) 丁酉 比肩偏財 福德	103 (43歲) 甲午 正印比肩 歲破	100 (40歲) 辛卯 偏財偏印 太陰	97 (37歲) 戊子 傷官七殺 太歲	94 (34歲) 乙酉 偏印偏財 福德

水 15
比肩 2　劫財 1
正印 偏印 3　0
金 20
　　　　　食神 1　傷官 0　木 8
正官 七殺 0　0　正財 偏財 0　1
土 5　　火 12

星座：雙子座
忌神：水金
喜用神：木火土
空亡：子丑辰巳
血型：A
格局：偏財格
命宮：庚子
胎元：甲申
胎息：丁亥
天運五行：木

出生後6年3個月又27天交大運

姓名	P15		性別	男
西元	1981 年			
22	24	5	70	國曆
22	21	4	70	農曆
時	日	月	年	日期
正印	日元	劫財	正印	主星
辛金	壬水	癸水	辛金	天干
亥水	寅木	巳火	酉金	地支
甲壬（木水）	戊丙甲（土火木）	庚戊丙（金土火）	辛（金）	藏干
食比／神肩	七偏食／殺財神	偏七偏／印殺財	正印	副星
臨官 49-64	病 33-48	絕 17-32	沐浴 1-16	十二運星
祿神 天德貴人／劫煞／十三奇日	流霞 文昌貴人	孤辰 亡神 天乙貴人 白虎	沐浴 天德貴人	特星神煞

地支沖／合／刑害／半三合

	77-86	67-76	57-66	47-56	37-46	27-36	17-26	7-16	大運
歲	乙酉	丙戌	丁亥	戊子	己丑	庚寅	辛卯	壬辰	

104(35歲)	101(32歲)	98(29歲)	95(26歲)	92(23歲)	年
乙未 傷官正官	壬辰 比肩七殺	己丑 正官正官	丙戌 偏財七殺	癸未 劫財正官	干支
天狗	龍德	五鬼	太陽	天狗	神煞
105(36歲)	102(33歲)	99(30歲)	96(27歲)	93(24歲)	年
丙申 偏財偏印	癸巳 劫財偏財	庚寅 偏印食神	丁亥 正財比肩	甲申 食神偏印	干支
病符	白虎	小耗	喪門	病符	神煞
106(37歲)	103(34歲)	100(31歲)	97(28歲)	94(25歲)	年
丁酉 正財正印	甲午 食神正財	辛卯 正官傷官	戊子 七殺劫財	乙酉 傷官正印	干支
太歲	福德	歲破	太陰	太歲	神煞

身強及身弱的判斷可用上圖之分數為基準，準確率達80～90％。

「以正印偏印加比肩劫財為一組」、「食神傷官加正財偏財加正官七殺為一組」

正印偏印加比肩劫財這組分數如果超過30分或以上可論定為身強。

「以正偏印加比劫為一組」、「食傷加正偏財加官殺為一組」

正偏印加比劫這組分數如果低於25分或以下大約可論定為身弱。

PS剛剛說「正印偏印加比肩劫財」這組分數如果超過30分或以上可論定為身強，但有一種狀況是，這一組加起來只有25分，但命盤中的「月支五行」是跟「日主五行」相同或「月支五行是生日主五行」，則這種狀況也算身強（因為月令分量較重的關係）

PS如果月令是辰（土中藏木），因三會局的關係辰的五行代表是木（寅卯辰三會木）。

PS如果月令是未（土中藏火），因三會局的關係未的五行代表是火（巳午未三會火）。

PS如果月令是戌（土中藏金），因三會局的關係戌的五行代表是金（申酉戌三會金）。

PS如果月令是丑（土中藏水），因三會局的關係丑的五行代表是水（亥子丑三會水）。

但這種判斷方法不是100％正確尚需配合一些經驗才能更加準確

以P14命盤得知「正印偏印加比肩劫財」這組分數為17分，所以稱該員為身弱。

以P15命盤得知「正印偏印加比肩劫財」這組分數為37分，所以稱該員為身強。

160

第三章　從八字的格局看個性及優缺點

例：P15 命盤中格局為偏財格（為火是喜用神），請直接看偏財格優點的解釋，如果為忌神那就看缺點的解釋。

如果是建祿格看「比肩」解釋，陽刃看「劫財」解釋，特殊格局看月支主氣解釋。

比肩格的解釋

優點：

1、有強烈的自尊心，雖剛強卻不魯莽、偏激。

2、有自知之明，凡事量力而為，不做非分之想。

3、富有處事能力，但按部就班不急功好利，臨事不懼，臨危不縮。

4、有操作性，但慢條斯理不急不切，不任意侵犯他人也不容他人侵犯自己。

5、表裡如一，言行一致，感情真摯，不會忽冷忽熱，對自己充滿信心，堅守崗位，努力以赴。

缺點：

1、人緣不佳，人際關係不好，按照自己的意思生活難以相處。

2、易與人爭執，對家人、部屬均不能通情達理，讓人敬而遠之。

3、只知自己硬幹任性，不懂得運用智慧或謀略來爭取別人的合作。

4、求才謀事辛苦勞累、事半功倍。

劫財格的解釋

優點：

1、有個性、口才好、社交佳、喜歡出風頭。

2、心思敏捷能臨機應變，善於見風轉舵以適應環境之變化。

3、不重禮俗，想到就做、做了再說，內心絕不壓抑、不思索。

4、富果斷的行動力，如行佳運時往往可以創造出輝煌的事業而成為大企業家。

缺點：

1、具雙重人格，外表牽合、內心鐵齒，自相矛盾、格格不入。

2、性情陰晴不定、翻臉無常、多愁善感、難以相處、嫉妒他人的成就，故易交朋友也易失去朋友。

3、不善於理財又急功近利，野心太大，常不顧一切孤注一擲，所謂「不到黃河不死心，不見棺材不掉淚」之型，導致一敗塗地，使生活陷於困境。

4、對外人慷慨，尤其對異性多情、開朗，對家人吝嗇，故婚後往往因兄弟、朋友之事與配偶鬧意見。

食神格的解釋

優點：

163

1、文質彬彬、氣質高雅、通情達理、聰明細緻，不善與人爭權奪利，雖會出風頭卻不至鋒芒畢露。

2、思想清新脫俗，喜歡優美又有內涵之事物，注重生活情調，不做不喜歡做的事。

3、感情豐富，對藝術、文藝及歌舞方面有偏好，能專精於一技，比較適合有耐性之工作。

缺點：

1、自命清高，自負不凡，陶醉在孤芳自賞的世界裡，不能與現實調和。

2、頭腦活動旺盛，想東想西，故常有失眠、腦神經衰弱、頭痛等症狀。

3、在空虛、寂寞時會過度發洩性慾影響健康，尤以女性為忌。

4、有優異的文筆、語言表達能力及藝術方面的欣賞、感受、表現能力。

5、重視家庭佈置、氣氛及飲食之藝術，為「口福之星、飲食之神」。

傷官格的解釋

優點：

1、成就慾強、慾望高、主觀強，洋溢活力與戰鬥精神。

2、不受約束、抗拒世俗規範，喜歡無拘無束、自由自在，對藝術獨具慧眼，適

164

合與藝術有關的工作，如服裝設計、裝潢、建築、繪畫、表演、舞蹈、唱歌、詩人、作家及研究創新之工作。

3、善於自我推銷、智謀或藉他人之力，且表達生動、流利，適於經商，得運之時容易致富。

缺點：

1、鋒芒太盛、咄咄逼人，常因堅持己見而不惜誇大其詞，以致失言樹敵而不自知。

2、好勝心強、強出風頭、不滿現實、極力掙脫現實之束縛，故常有違反理則之傾向。

3、具叛逆性，喜歡與眾不同引起他人注意、博得他人肯定，作風老大，不容他人異議，唯我獨尊。

4、興趣廣泛，什麼都想學，導致博而不精，喜新厭舊、領悟力強，養成恃才傲物、任性驕橫、一意孤行之習慣。

5、一心想擺脫禮俗束約，導致狂傲乖張、引人反感，為了達到目的不擇手段、不惜犧牲別人。

正財格的解釋

優點：

1、為人守正正樸實、腳踏實地、穩紮穩打、量力而為。

2、正直而固執、性情溫和，不喜歡出風頭、嫉惡如仇，厭惡那些不勞而獲、有心機、拐彎抹角之人，能謀善略之人。

3、眼見為信，重視感官察覺，不信邪魔歪道，與神佛較緣薄，為無神論者，主張有形財物之唯物主義者。

缺點：

1、對錢財斤斤計較、敏感、重視錢財、患得患失、連對自己之親友亦是如此，讓人覺得冷漠無情難以親近。

2、守本分、量力而為，卻又缺乏變化，無魄力、前瞻性、遠大抱負，故其一生缺少戲劇性的表現與成就，平穩而平淡。

3、有些事會斤斤計較又得失心重，往往因小失大而不自知，事後才後悔不已。

6、性急氣短、缺乏耐性，凡事想速成、做出超出本能之事而招致失敗，卻又推卸責任、缺乏反省的處事態度。

偏財格的解釋

正官格的解釋

優點：1、人格高尚、秉公尚義、潔身自愛、服從紀律、有道德觀念。

2、做事光明正大、有板有眼、正直服從、氣質軒昂、易受群眾的信賴與尊重。

3、有管理才華、具領導資質、明辨是非、有識人之能、為主管人才。

缺點：1、若正官太多，則個性柔弱、猶豫不決、優柔寡斷、缺乏魄力、不善掌握良機，如透年月干時，則其人幼時弱小溫和而怕事。

2、做事缺乏變通性，容易滿足現實，無遠大志向難圖大業。

優點：1、做事乾淨俐落、速戰速決，不喜歡拖泥帶水，急躁如風。

2、喜歡詩情畫意之風情，帶俠士之風骨。

3、善於利用機會賺取錢財，常有機緣巧遇獲得意外收穫，事業心重易白手起家獨創事業，在金錢上或女緣上常有戲劇性之離合得失。

缺點：1、因心性慷慨，對金錢不太在意，往往一擲千金養成浪費的習性。

2、喜歡在外逗留找財源，用錢大方、交際圓滑，易得異性歡心，導致家庭風波，因此家業容易被揮霍掉。

167

七殺格的解釋

優點：1、勇於突破環境、開創新機，適於改革性或破壞性之工作。

2、威嚴有權、智略明敏、明察秋毫、綿密細緻、運籌帷幄、善於策劃、領導能力強、能得部屬及子女之敬畏。

缺點：1、謀事採取競爭手段，個性剛倔又行事偏激，導致樹敵招恨。

2、爭強好勝、猜忌多疑、不信任他人，導致孤軍奮鬥、事倍功半、倍極辛勞。

正印格的解釋

優點：1、氣質優雅、智慧聰穎、寬容善良、仁慈聰慧、不計較仇恨，重視學問之充實、品德之修養與精神上之調劑。

2、清高自負、自遠小人、自勵自愛、方正親切、重人情、愛面子。

3、信仰宗教、先知先覺、易得名聲、易掌握權責、常得貴人之提拔、能享現成之福氣。

缺點：1、自視清高，對金錢不重視，本性木訥而不善營謀，有脫離現實不切實際的想法，缺乏應變能力。

168

偏印格的解釋

優點：

1、思考細膩、機智靈敏、感覺敏銳、善於臨機應變、優秀之領悟能力、觀察入微、老練能幹、警覺性高且能保守秘密。

2、喜怒哀樂不行於色，能讓異性信賴，奇妙點子特別多。

缺點：

1、思想超凡怪異，性格內向多疑，喜歡離群獨處，常有厭惡世俗之心。

2、雖有鬥志卻耐心不足，做事往往三心兩意，以致東不成西不就。

3、雖好學藝卻少有成就、思想奇特、標新立異、喜歡走捷徑、不按部就班，喜歡走旁門左道追求捷徑，往往無事空忙。

4、偏印過重則利己心強烈，過度自我評價，以致雖與人和睦相處，令人有自私、孤僻之感。

2、不善察言觀色、不善鉤心鬥角、不願同流合污。

3、愛面子而打腫臉充胖子，會掩飾自己的過失，嚴重甚至會虛偽詐欺以致觸犯法網。

第四章

如何用最簡單的方法來判斷一
生之喜用神及忌神

聽說學八字要能準確斷出喜神、用神、忌神、閒神大概沒有3年的經驗，很難斷的很精準，本中心研究一套既簡單又方便，又準確的計算方法來跟讀者分享。首先，我們將四柱八字中的天干，每個字不管在哪一柱都定為5分，地支中的年、日、時都定為8分，但月支定為16分，總分共60分（算分數時要以天干為計算基準，所以地支要用藏干來計算分數），只要將各五行之得分狀況依經驗之公式來判斷，就可得知用神、喜神、忌神、閒神等等。

以下為各干支的五行得分一覽表

我們先來瞭解一下天干及地支五行在各柱的得分狀況。

天干在年、月、日、時之得分狀況：

天干	甲木	乙木	丙火	丁火	戊土	己土	庚金	辛金	壬水	癸水
得分	5	5	5	5	5	5	5	5	5	5

在四柱地支藏干中之天干一覽表，如藏干有三字則分主氣、餘氣、雜氣

地支	子	丑	寅	卯	辰	巳	午	未	申	酉	戌	亥
藏干	癸	辛癸己	戊丙甲	乙	癸乙戊	庚戊丙	己丁	乙丁己	戊壬庚	辛	丁辛戊	甲壬

地支藏干在「年、日、時」支時主氣、餘氣、雜氣得分狀況，每個地支分數爲8分

地支	子	丑	寅	卯	辰	巳	午	未	申	酉	戌	亥
藏干	癸	辛癸己	戊丙甲	乙	癸乙戊	庚戊丙	己丁	乙丁己	戊壬庚	辛	丁辛戊	甲壬
得分	8	1、2、5	1、2、5	8	1、2、5	1、2、5	3、5	1、2、5	1、2、5	8	1、2、5	3、5

地支藏干在「月」支時主氣、餘氣、雜氣得分狀況，在月支分數爲16分

地支	子	丑	寅	卯	辰	巳	午	未	申	酉	戌	亥
藏干	癸	辛癸己	戊丙甲	乙	癸乙戊	庚戊丙	己丁	乙丁己	戊壬庚	辛	丁辛戊	甲壬
得分	10	2、4、10	2、4、10	10	2、4、10	2、4、10	6、10	2、4、10	2、4、10	16	2、4、10	6、10

有了以上的資料後，只要將排好的八字命盤用上述之方法套入四柱中，即可得知木、火、土、金、水各五行之得分，有了正確的得分後，就可以用八字取喜用神法之原理來斷定哪個五行是用神、忌神、閒神，此方法簡單明瞭。

命盤中五行分數算法案例說明

案例1

火 05　比肩 劫財

木 12　偏印 正印

土 15　傷官 食神

水 22　正官 七殺

金 06　正財 偏財

得分	藏干	地支	天干	得分	農曆	日期
3 5	甲壬	亥	辛	5	22	時
1 2 5	辛癸己	丑	丁	5	3	日
2 4 10	癸乙戊	辰	甲	5	3	月
8	癸	子	壬	5	61	年

由案例1：命盤四柱中的天干及地支藏干套上各五行得分表後即可得知五行分數，總分為60分。

以案例1命盤為例

火的分數：日干（丁火5）……共5分

土的分數：月支藏干（戊土10）＋日支藏干（己土5）共15分

金的分數：時天干（辛金5）＋日支藏干（辛金1）共6分

水的分數：年干（壬水5）年支（癸水8）＋月支藏干（癸水2）＋日支藏干（癸水

2）＋時支藏干（壬水5）共22分

木的分數：月干（甲木5）＋月支藏干（乙木4）＋時支藏干（甲木3）共12分

以上火、土、金、水、木、相加共60分

有了這個分數後，我們就可一目了然得知哪一個五行太多、太少，就可以用分數的多或

少來定喜用神及忌神或閒神。

一般八字取喜用、忌神之原則大約不離以下大方向

正常命造之取用神，即以「扶抑」、「調候」、「通關」等三種方式。而其中以「扶

抑」為取用神之方法，應用最多。簡述如下：

1‧**日干強旺**：且正印偏印多，應取正財偏財為用神之首要，無財星方可取用正官七殺

或食神傷官。

如果比肩、劫財多應取正官七殺或食神傷官星爲首要，若無正偏印方可取用正財偏財。

但強勝於旺，強宜洩，旺宜剋，此點須靈活應用才是。

2．日干稍弱：

正官七殺過多，應取正印偏印爲用神爲之首要，若無正偏印星方可用比肩劫財。

正財偏財衆多，應取比肩劫財爲用神，若無比肩劫財星方可用正印偏印。

食神傷官星多，應取正印偏印爲用神，若無正偏印星方可用比肩劫財。

雖然大原則很多人都知道，但一般人對文字的理解力可能沒像數字那麼清析及好判斷，所以我就將以前跟張新彩老師所學的五行分數判斷法靈活應用後，覺得很好記、很好學又很容易懂，建議您不妨試看看。

有了以上的原則，我們即可用各五行的分數來看出強弱，一下子就可看懂，看懂後就可再應用很簡單的公式來判斷命盤中的用神、喜神、忌神、閒神等等。

以案例1命盤爲例

得知「正印偏印加比肩劫財」這組分數爲17分（低於30分），所以稱該員爲身弱。

因身弱喜印、比（可從中選用神、喜神或閒神），因身弱不喜洩、剋、殺，可從中來選

忌神或閒神。

該員喜用神爲木、火，忌神爲土、水，而「閒神爲金」因金分數不高不能將它定爲忌神。

案例2

日期	農曆	得分	天干	地支	藏干	得分
時	17	5	丁	酉	辛	8
日	6	5	辛	丑	辛癸己	125
月	7	5	己	未	乙丁己	2410
年	57	5	戊	申	戊壬庚	125

177

由案例2：命盤四柱中的天干及地支藏干套上各五行得分表後即可得知五行分數，總分為60分。

以案例2命盤為例

金的分數：日天干（辛金5）＋年支藏干（庚金5）＋日支藏干（辛金1）＋時支藏干（辛金8）共19分

水的分數：年支藏干（壬水2）＋日支藏干（癸水2）共4分

木的分數：月支藏干（乙木2）共2分

火的分數：時干（丁火5）＋月支藏干（丁火4）共9分

土的分數：年干（戊土5）＋月干（己土5）＋年支藏干（戊土1）＋月支藏干（己土10）＋日支藏干（己土5）共26分

以上金、水、木、火、土相加共60分

有了這個分數後，我們就可一目了然得知哪一個五行太多、太少，就可以用分數的多或少來定喜用神及忌神或閒神。

由案例1及案例2很清楚命盤中之各五行得分狀況，既然知道怎麼算分數，那要斷喜

神、用神、忌神、閒神就顯得很容易了，也許大家都知道八字分身強、身弱。

身強喜「洩」食神傷官、「剋」正財偏財、「殺」正官七煞；身弱喜「印比」：正印偏

印、比肩劫財）。

解說：身強及身弱的判斷可用上圖案例1及案例2之圓形圖分數爲基準，準確率有100

％。

A.「以正偏印加比劫爲一組」、「食傷加正偏財加官殺爲一組」

正偏印加比劫這組分數如果超過30分或以上，可論定爲身強。身強者大概可當成

忌神

因身強喜洩、剋、殺（可從中選用神、喜神或閒神）、因身強不喜印、比（可從

中來選忌神或閒神）。

B.「以正印偏印加比肩劫財爲一組」、「食神傷官加正財偏財加正官七殺爲一

組」

正偏印加比劫這組分數如果低於30分以下，大約可論定爲身弱。身弱者「印、

比」大概可當喜用

因身弱喜印、比（可從中選用神、喜神或閑神），因身弱不喜「洩、剋、殺」可從中來選忌神或閑神。

C. 剛剛說「正偏印加比劫」這組分數如果超過30分或以上，可論定為身強，如果分數低於30分以下，大約可論定為身弱，但有一種狀況是，「正偏印加比劫」這一組加起來只有24分，但命盤中的「月支五行」是跟「日主五行」相同或「月支五行是生日主五行」，則這種狀況也算身強（因為月令分量較重的關係，也稱之為得時）。

命盤中的「月支五行」對日干五行生剋比重關係如何，如果是木、火、金、水，那請直接判斷，如果是土（辰、戌、丑、未）的話，那我們就必須要瞭解三會局之關係。

PS 如果月令是辰，因三會局的關係辰的五行代表是木，（寅卯辰三會木）

PS 如果月令是未，因三會局的關係未的五行代表是火，（巳午未三會火）

PS 如果月令是戌，因三會局的關係戌的五行代表是金，（申酉戌三會金）

PS 如果月令是丑，因三會局的關係丑的五行代表是水，（亥子丑三會水）

所以用這樣的公式，就可以將月支的五行與日干五行做比對而得知一張命盤屬身強或身弱，因此由身強或身弱而來判定喜用神了。

以案例2爲例

解說：：A.「以正偏印加比劫爲一組」、「食傷加正偏財加官殺爲一組」

正偏印加比劫這組分數如果超過30分或以上，可論定爲身強。身強者大概可當成忌神。

因身強喜洩、剋、殺（可從中選用神、喜神或閒神），因身強不喜印、比（可從中來選忌神或閒神），所以該員印、比加起來45分，所以土及金爲忌神。洩、剋分數各爲4分（水）及2分（木）

所以將其定爲用神及喜神，殺五行爲火有9分，它又會生土且該員又出生在夏天不適合用火，所以將火定爲閒神。

但這種判斷方法不是100%正確，但準確率應有80～90%，如能配合一些經驗就能更加準確。

181

水 15

比　劫
肩　財
2　1

金 20

偏　偏
印　印
3　0

傷　食
官　神
1　0

木 08

正　七
官　殺
0　0

正　偏
財　財
0　1

土 05

火 12

得分	藏干	地支	得分	天干	農曆	日期
3 5	甲壬	亥	5	辛	22	時
12 5	戊丙甲	寅	5	壬	21	日
24 10	庚戊丙	巳	5	癸	4	月
8	辛	酉	5	辛	70	年

由案例3：命盤四柱中的天干及地支藏干套上各五行得分表後即可得知五行分數，總分為60分。

以案例3命盤為例

182

水的分數：月天干（癸水5）＋日天干（壬水5）＋時支藏干（壬水5）共15分

木的分數：日支藏干（甲木5）＋時藏干（甲木3）共8分

火的分數：月支藏干（丙火10）＋日支藏干（丙火2）共12分

土的分數：月支藏干（戊土4）＋日支藏干（戊土1）共5分

金的分數：年天干（辛金5）＋時天干（辛金5）＋年支藏干（辛金8）＋月支藏干（庚

金2）共20分

以上水、木、火、土、金相加共60分

有了這個分數後，我們就可一目了然得知哪一個五行太多、太少，就可以用分數的多或

少來定喜用神及忌神或閒神。

以案例三爲例

解說：A.「以正印偏印加比肩劫財爲一

組」、「食神傷官加正財偏財加正官七殺爲一

組」

正偏印加比劫這組分數如果超過30分或以上，可論定爲身強。身強者大概可當成忌神。

因身強喜洩、剋、殺（可從中選用神、喜神或閒神），因身強不喜印、比（可從中來選

忌神或閒神），所以該員印、比加起來35分，所以金及水爲忌神。洩8分（木）、殺分數爲

5分（土），所以將其定為用神及喜神，剋五行為火有12分且該員又出生在夏天不適合用火，所以將火定為閒神。

案例4

由案例4：命盤四柱中的天干及地支藏干套上各五行得分表後即可得知五行分數，總分為60分。

日期	農曆	得分	天干	地支	藏干	得分
時	6	5	辛	卯	乙	8
日	8	5	辛	卯	乙	8
月	9	5	丙	戊	丁辛戊	2 4 10
年	64	5	乙	卯	乙	8

184

以案例4命盤為例

金的分數：日天干（辛金5）＋時天干（辛金5）＋月支藏干（辛金4）共14分

水的分數：0分

木的分數：年天干（乙木5）＋年支藏干（乙木8）＋日支藏干（乙木8）＋時支藏干（乙木8）共29分

火的分數：月干（丙火5）＋月支藏干（丁火2）共7分

土的分數：月支藏干（戊土10）共10分

以上金、水、木、火、土相加共60分

以案例4為例

解說：此例符合C.條之原則「正偏印加比劫」，這組分數如果超過30分或以上，可論定為身強，分數如果低於30分以下，大約可論定為身弱，但有一種狀況是，「正偏印加比劫」這一組加起來只有24分，但命盤中的「月支五行」是跟「日主五行」相同或「月支五行是生日主五行」，則這種狀況也算身強（因為月令SH　量較重的關係，也稱之為得時）。

所以此例為身強，該員印、比加起來24分，所以金為忌神，土為閒神（因土才10分）不

算太多。

洩0分（水）、殺分數為7分（火），所以將其定為用神及喜神，剋五行為木有29分，顯然太多了，所以也將定為忌神。

PS 身強喜「洩」食神傷官、「剋」正財偏財、「殺」正官七煞；身弱喜比、印，這是大原則

身強

雖然「身強喜洩、剋、殺」，但其中之一的五行分數超過15分時，該五行就不能稱為喜用神，而稱為閒神，低於12分以下才稱喜用神，那印、比其中之一五行如低於8分則不算忌神、而稱閒神。

身弱

雖然「身弱喜印、比」，但其中之一的五行分數超過19分時，該五行就不能稱為喜用神，因為已經很高了而稱為閒神，那洩、剋、殺其中之一五行如低於8分則不算忌神、而稱閒神，而高於13分以上才稱忌神。

經過上述解說後，建議您多算幾個命盤，您就可以很快速斷出喜神、用神、忌神、閒神

了。

那什麼是叫八字改運？就是命盤中之五行將其調整平均為原則，也就等於多退少補，這種方法是改運的最簡單方法，且效果不錯。

第四章　如何用最簡單的方法來判斷一生之喜用神及忌神

第五章

以五行之旺度來判斷性情

此項功能的判斷方法是直接看日元五行（日干），然後直接對應以下之解說。

以上圖P15日元為壬＝水，由P15圖得知水＝15分，分數區間屬中中，那我們就可直接查水

中中（8～16），請看以下解釋

◎水：太弱（7以下）…為人心胸狹窄、小心眼、輕浮、好投機取巧、有點賣弄小聰明、生性膽小、有點貪心、有點勢利。

中中（8～16）…擁有高智慧，生性聰明、機伶敏捷、反應力絕佳、多才多藝、心思靈巧之人。

太旺（17以上）…心性、情緒不穩定，內心多心思策略，好走旁門左道，不知進退，易陷於聰明反被聰明誤之境。

◎木：太弱（7以下）…為人看似冷淡、無情、猜疑心也較重，嫉妒心又強，生平如果不學習熱情一點，運氣會不太好喔。

中中（8～16）…為人蠻理性也很正直，看起來忠厚老實，內心仁慈、善良、富有正義感，會有不錯的運勢。

太旺（17以上）…讓人看起來很固執，個性較剛毅，思想較偏激，做事較無通

融性，按照條理。

◎火‥太弱（7以下）‥個性消極且頹喪、後知後覺，為人有點苛薄、少人情味，常常會失神也較無主見，不知禮節，沒大沒小。

中中（8～16）‥一生樂觀進取，個性積極開朗，為人熱情豪爽、禮節周到，一切講信用、重承諾，會有不錯的運勢。

太旺（17以上）‥思慮有時欠周詳、個性較急躁也較衝動，為人比較逞強，常常自以為是、得理不饒人。

◎土‥太弱（7以下）‥可能眼光較短視、淺見，個性固執、有點吝嗇，講話較無信用，會貪小便宜，待人接物較無誠信。

中中（8～16）‥為人誠實，個性篤定、忠厚、穩重、可靠、寬宏大量，講話重信用，講義氣，充滿信心，為人值得信賴。

太旺（17以上）‥有時思維欠周詳，做事遲鈍、怠惰、懶散，有點好逸惡勞，沒有責任感，做事隨便、馬虎。

◎金‥太弱（7以下）‥做事有時會優柔寡斷、軟弱無擔當，會膽怯又畏縮，不懂人情

191

事故，薄情寡義，是非善惡不明。

中中（8～16）⋯是一個義理分明、勇敢果決、剛毅穩健、魄力十足、英明銳利之人，會有不錯的運勢。

太旺（17以上）⋯較會有不仁不義的傾向，有時言詞尖銳傷人，個性放縱無節制，常有背信忘義的情況。

第六章

一生顏色喜忌從哪裡看出來

木 10
比肩 劫財
　　10
水 6
正印 偏印
　　10
火 20
食神 傷官
　　12
金 8
正官 七殺
　0 1
土 16
正財 偏財
　2 0

出生後5年5個月又21天交大運

天運五行：木
胎息：庚寅
胎元：戊申
命宮：己未
格局：正財格
血型：0
空亡：戌亥 申酉
【喜用神】
喜神：木水
用神：木水
忌神：火土
星座：金牛座

姓名	P16			性別	男
西元		1988 年			
9	20	5	77	國曆	
9	5	4	77	農曆	

時	日	月	年	日期
七殺	日元	食神	正財	主星
辛 金	乙 木	丁 火	戊 土	天干
巳 火	亥 水	巳 火	辰 土	地支
庚戊丙 金土火	甲壬 木水	庚戊丙 金土火	癸乙戊 水木土	藏干
正官 正財 傷官	劫財 正印	正官 正財 傷官	偏印 比肩 正財	副星
沐浴 49-64	死 33-48	沐浴 17-32	冠帶 1-16	十二運星
金輿 天乙貴人 日驛馬破	劫煞 天德 龍德 紅豔 德合 十靈日 福星 血刃 破日 日貴	月德 紅豔 德合 沐浴 金輿 日驛馬破	羊刃	特星神煞

76 ─ 85	66 ─ 75	56 ─ 65	46 ─ 55	36 ─ 45	26 ─ 35	16 ─ 25	6 ─ 15	歲
乙丑	甲子	癸亥	壬戌	辛酉	庚申	己未	戊午	大運

104 (28歲)	101 (25歲)	98 (22歲)	95 (19歲)	92 (16歲)	年
乙未 比肩 偏財	壬辰 正印 正財	己丑 偏財 偏財	丙戌 傷官 正財	癸未 偏印 偏財	干支 神煞
太陰	太歲	福德	歲破	太陰	神煞
105 (29歲)	102 (26歲)	99 (23歲)	96 (20歲)	93 (17歲)	年
丙申 傷官 正官	癸巳 偏財 傷官	庚寅 正官 劫財	丁亥 食神 正印	甲申 劫財 正官	干支 神煞
五鬼	太陽	天狗	龍德	五鬼	神煞
106 (30歲)	103 (27歲)	100 (24歲)	97 (21歲)	94 (18歲)	年
丁酉 食神 七殺	甲午 劫財 食神	辛卯 七殺 比肩	戊子 正財 偏印	乙酉 比肩 七殺	干支 神煞
小耗	喪門	病符	白虎	小耗	神煞

用八字來斷一生顏色喜用或忌用，可直接看喜用神、忌神所代表的五行來決定，如果是喜用神那其五行就是對我們最有幫助；如果是忌神，那其五行就是對我們最沒有幫助。

五行顏色代表為：

木＝綠色、淡青色

火＝紅色、紫色系

土＝黃色、棕色系

金＝白色、銀色系

水＝黑色、深藍色

命盤P16之喜用神為木與水

那表示木＝綠色、淡青色，水＝黑色、深藍色，這一係列的色系最有幫助。

命盤P16之忌神為火與土

那表示火＝紅色、紫色，土＝黃色、棕色，這一系列的色系最沒有幫助。

195

第七章

一生中的幸運數字從哪裡得知

P16 命盤範例

五行分布圖（木10）

- 木 10：比肩 劫財 10
- 火 20：食神 傷官 12
- 水 6：偏印 正印 10
- 土 16：正財 偏財 20
- 金 8：正官 七殺 01

姓名	P16		性別	男

西元		1988 年		

時	日	月	年	日期
9	20	5	77	國曆
9	5	4	77	農曆
七殺	日元	食神	正財	主星
辛（金） ←剋	乙（木）	丁（火）	戊（土）	天干
巳（火）	亥（水） ←沖	巳（火） ←沖	辰（土）	地支
庚戊丙（金土火）	甲壬（木水）	庚戊丙（金土火）	癸乙戊（水木土）	藏干
正官 正財 傷官	劫財 正印	正官 正財 傷官	偏印 比肩 正財	副星
沐浴 49-64	死 33-48	沐浴 17-32	冠帶 1-16	十二運星
金輿 天德 劫煞 天喜 貴人 日破 驛馬 沐浴	月德 元辰 龍德 紅鸞合 十靈 福星 血刃 月破 日貴	沐浴 金輿 劫煞 天喜 日破 驛馬	羊刃	特星神煞

時	日	月	年	歲	大運
				76–85	乙丑
				66–75	甲子
				56–65	癸亥
				46–55	壬戌
				36–45	辛酉
				26–35	庚申
				16–25	己未
				6–15	戊午

天運五行：木
胎息：戊申
胎元：己未
命宮：己未
格局：正財格
血型：O
空亡：戌亥申酉
喜用神：木水
忌神：火土
星座：金牛座

出生後5年5個月又21天交大運

104 (28歲)	101 (25歲)	98 (22歲)	95 (19歲)	92 (16歲)	年
乙 比肩 未 偏財	壬 正印 辰 正財	己 偏財 丑 偏財	丙 傷官 戌 正財	癸 偏印 未 偏財	干支 神煞
太陰	太歲	福德	歲破	太陰	神煞

105 (29歲)	102 (26歲)	99 (23歲)	96 (20歲)	93 (17歲)	年
丙 傷官 申 正官	癸 偏印 巳 傷官	庚 正官 寅 劫財	丁 食神 亥 正印	甲 劫財 申 正官	干支 神煞
五鬼	太陽	天狗	龍德	五鬼	神煞

106 (30歲)	103 (27歲)	100 (24歲)	97 (21歲)	94 (18歲)	年
丁 食神 酉 七殺	甲 劫財 午 食神	辛 七殺 卯 比肩	戊 正財 子 偏印	乙 比肩 酉 七殺	干支 神煞
小耗	喪門	病符	白虎	小耗	神煞

用八字來斷一生幸運數字，可直接看喜用神所代表的五行來決定。

喜用神所代表的五行可直接用易經的洛書數字，為一生最幸運數字代表。

忌神所代表的五行可直接用易經的洛書數字，為一生最沒幫助的代表。

五行數字代表為

木＝3、8為朋木

火＝2、7同道火

土＝5、0同途土

金＝4、9為友金

水＝1、6共宗水

命盤P16之喜用神為木與水

表示木＝3、8為朋木，水＝1、6共宗水，所以一生幸運數字為3816對其最有幫助。

命盤P16之忌神為火與土

表示火＝2、7同道火，土＝5、0同途土，所以一生幸運數字為2750對其最沒幫助。

第八章

如何看待一生之姻緣桃花及婚姻狀況

如何從八字中判斷出個人一生之姻緣桃花運、婚姻之好壞、何時會結婚或離婚機率，或經由何種管道方式結婚、夫妻之間恩愛與否、彼此觀念是否協調……本單元將來探討。

第一節　首先來談：男命之異性緣及桃花與婚姻

男命正財、偏財星多者，女性緣必佳，若正財、偏財星是命上之喜用神者，則不僅女性緣很好，而且能得到女性之助益，或妻妾較多情、多扶助，若正財、偏財星為忌神且很旺，則女性緣雖佳，但是得不到女性之助益，反而會因妻妾或異性而破財或惹事，正財、偏財星之位置如在日支、月干、時干，則與異性關係極為密切，異性緣佳。

第八章　如何看待一生之姻緣桃花及婚姻狀況

火 5
比肩 劫財 10
木 9
正印 偏印 10
食神 傷官 20 土 10
正官 七殺 11
水 15
正財 偏財 11 金 21

出生後7年7個月又28天交大運

星座：處女座
忌神：金水木
喜用神：火木
空亡：申酉申酉
血型：0
格局：正財格
命宮：庚辰
胎元：丙子
胎息：辛丑
天運五行：金

姓名	P17			性別	男
西元		2000 年			
8	15	9	89	國曆	
8	18	8	89	農曆	
時	日	月	年	日期	
七殺	日元	正印	偏財	主星	
壬水	丙火	乙木	庚金	天干	
辰土	子水	酉金	辰土	地支	
癸乙戊 水木土	癸 水	辛 金	癸乙戊 水木土	藏干	
正正食 官印神	正官	正財	正正食 官印神	副星	
冠帶 49-64	胎 33-48	死 17-32	冠帶 1-16	十二運星	
魁罡 蓋吟 伏	將飛白金 星刀虎匱 福星貴	天月桃金 德德花輿 貴人	魁華月 罡蓋德 貴人	特星神煞	
78 — 87	68 — 77	58 — 67	48 — 57	38 — 47	28 — 37	18 — 27	8 — 17	歲
癸巳	壬辰	辛卯	庚寅	己丑	戊子	丁亥	丙戌	大運

104 (16歲)	101 (13歲)	98 (10歲)	95 (7歲)	92 (4歲)	年
乙未 正印 傷官	壬辰 七殺 食神	己丑 正官 傷官	丙戌 比肩 食神	癸未 正官 傷官	干支
太陰	太歲	福德	歲破	太陰	神煞
105 (17歲)	102 (14歲)	99 (11歲)	96 (8歲)	93 (5歲)	年
丙申 比肩 偏財	癸巳 正官 比肩	庚寅 偏財 偏印	丁亥 劫財 七殺	甲申 偏印 偏財	干支
五鬼	太陽	天狗	龍德	五鬼	神煞
106 (18歲)	103 (15歲)	100 (12歲)	97 (9歲)	94 (6歲)	年
丁酉 劫財 正財	甲午 偏印 劫財	辛卯 正財 正印	戊子 食神 正官	乙酉 正印 正財	干支
小耗	喪門	病符	白虎	小耗	神煞

在命盤四柱中，子、午、卯、酉皆代表桃花星，四柱中之地支見兩顆以上，可知此人一生艷遇多。

此四顆桃花星在四柱地支之中又有區別，如子午卯酉位在年支或月支，叫做牆內桃花，重視生活情趣之享受，大都行於夫妻之間，若子午卯酉在時支者，稱之牆外桃花，較易有感情問題發生。

在診斷男性姻緣桃花及婚姻狀況，大約就看正財偏財、配偶宮（日支）、地支的花（子午卯酉）、神煞的桃花、紅豔煞、孤寡等等的刑、沖、合、害等。

男命桃花：

◎男命偏財透出天干或多見，主多情風流，女緣佳。

◎男命正財偏財多又雜，為人較好色，身強者有納妾之可能。

◎全局四柱中金與水的五行多者，亦主風流多情。

◎食神太多，亦主風流（食神能生偏財），「荒淫之慾，蓋因食神太多」。

第二節　男命得妻助之一般看法

1、身強、日支坐喜用神者，能得妻助。

2、日支為喜用神，代表妻子條件佳、賢淑、有助於己、能得妻財、受太太之幫助最大，反之、若為忌神，代表妻無助於己或夫妻會不和。

3、正財、偏財星為喜用神，可富且可得妻妾之助，一生又有異性緣。

4、身弱者，日支坐喜用神，亦可得妻助。

5、如果是從格，日支坐喜用神，妻妾幫助亦大。

6、從財格，不管日支坐什麼，均能得妻助。

7、日支坐天乙貴人，主對方（女方）背景不錯。

8、正偏財星為喜用，日主合財星，妻子賢淑、有助於己、能得妻財。

9、食神傷官能生正偏財，無沖、剋，妻子賢淑、有助於己、能得妻財。

10、妻宮合日主，妻子賢淑、有助於己、能得妻之幫助。

11、身強正印偏印旺，財星為用神見於四柱中、正偏財會來破正偏印，定能得妻妾之助

205

力。

12、日支五行生扶日干，代表夫妻和睦。

13、日支被他支合化成喜用者，代表妻會幫助丈夫成功，妻子能幹。

14、日支坐正官，代表夫妻和諧，妻子端莊賢慧、能相夫敎子。

15、日支坐正印，代表妻子溫柔、賢淑有德性，氣質高雅。

16、日支坐正財爲「妻得位」，可得良妻賢內助，凡事以妻爲重，以妻之意見爲主，很聽妻話，聽某嘴、大富貴。

第三節　男命夫妻宮之坐星看婚姻（以日支之吉凶神及十神來論）

1、財星坐華蓋，妻子很聰明但稍嫌孤獨。

2、財星坐沐浴或桃花，妻妾風流、多情或很會打扮自己。

3、日支為七殺，妻子性情較暴躁或夫妻之間口角多。

4、日支如逢空亡，會有晚婚、再婚、婚變的命格。

5、四柱正偏財合，妻妾多情，可享齊人之福。

6、日支為正財星又坐將星者，大概可娶豪門閨秀。

7、日支逢沖，在日常生活中意見可能會不和或處事態度差異過大。

8、從財格之人，必能得妻助。

9、財星透出天干，妻緣較早，正偏財皆透，一生艷福不淺。

10、男命正偏財星為用神，妻妾大多較貌美、有德性與富有。

11、四柱正財偏財旺，但無比肩劫財者，日常生活可能會不和或意見過大。

12、日支與時支或月支與日支相沖者，夫婦不睦、意見過大、爭鬧不休。

207

13、財星逢空亡，有再婚之兆（妻子身體須注意），尤其現於日支更顯。

第四節　男命可能會與妻子不合者的命盤條件

1、正偏財星（地支）坐桃花、沐浴或正財被合化成為忌神者，要防妻子多情與人私通。

2、男命財星（地支）與桃花同柱或正財星被強合者，妻妾可能有外遇。

3、男命正財落空亡，必然與妻子之感情會有所變化甚至分居。

4、四柱之中合太多，妻緣恐生變，命盤合不宜過多。

5、男命比肩、劫財星合正財者，財被爭合，主妻較會受外界所誘惑。

6、命局之日支坐七殺且為忌神，妻妾性情暴躁、強勢，夫婦不和睦。

7、日支坐偏印者，妻子精明能幹。

8、財星坐長生、帝旺、冠帶者，妻子運佳，妻壽命長。
坐、病、死、墓、絕者，妻運多半較差。

9、財星臨天乙、天德、月德貴人、福星等吉神者，多半家世不錯，妻賢慧。
反之，若坐惡煞時，生為平庸之家。

209

10、日支是忌神者，夫婦不合，日常生活可能會不和或意見過大。

11、日支有六沖者，夫婦不合，日常生活可能會不和或意見過大。

12、月支為姻緣宮，日支為夫妻宮，二者相刑或相沖，婚事會不順利、或婚姻較不美滿、或感情不和順。

13、正財偏財星為忌神，會因妻妾破財，或受妻所連累，或因情色破財惹災，難得異性之助。

14、八字財星旺者，妻妾掌權，本身風流多情、慷慨瀟灑，妻子不從夫。

15、八字財星不現者，妻緣較差，大男人主義或夫妻之間不易溝通。

16、八字財星弱，或被比肩劫財剋破，或財星伏藏不現者，會刑剋妻子，或妻體弱多病，或夫妻較不合。

17、日支坐偏財，為心在外面。妾佔妻位、喧賓奪主。心中有妾無妻、金屋藏嬌、娶小老婆、三角戀愛，家庭易生感情糾紛。

18、財星落空亡不合化，主會喪偶、離婚、夫妻別離之可能。

19、財星在命局逢沖剋，代表夫妻常為小事爭吵、爭執。

20、財星坐桃花、咸池、沐浴、紅艷者，妻美多情慾、慾望大，若財星又被他柱字合去，恐妻與人有染私通、妻有外遇。

21、日支坐七殺者，妻子個性剛強，若為忌神，妻較兇悍，若被沖剋，則對妻子較不利。

22、日支坐比肩劫財者，也主傷妻財，若又是忌神，夫妻會不和或有離異可能。

23、日支坐傷官者，妻子美貌、多才多藝、生性聰明，但可能會管教子女。

24、日柱落空亡，會與妻離異、分居、再婚、夫妻緣破損，且本身中年運亦不佳，一生多阻逆、困難。

25、命中正財、偏財俱現，較風流也易犯桃花，婚前女友多，婚後可能較有外遇，金屋藏嬌或娶小老婆之可能。

26、財星愈近日主，妻緣愈密切，夫妻緣厚；反之，愈遠離日主，妻緣往往較差，夫妻緣分淺。

27、命局正印偏印旺、正財偏財弱者，婆媳多意見不和。

28、比肩、劫財旺而多者，晚婚為宜。

29、財星爭合日主，較可能二次婚姻，若爲忌神，妻妾會爭風吃醋、爭寵吵鬧、不得安寧。

30、命局財星有兩顆以上，其中一顆落空亡，恐有婚變、喪偶、再婚之可能。

31、日支或財星坐孤辰、寡宿者，主妻子孤獨、寂靜，與親朋關係較疏遠，相互助力少。

32、日支與月支、日支與時支相沖者，夫婦多不和。

33、八字全陽或全陰者，會刑剋妻子，妻乏助力，與子女間親情淡。

第五節　來談談：女命之異性緣及桃花與婚姻狀況

女命之異性緣及桃花與婚姻是要看正官、七殺，如果正官、七殺星多，男性緣必佳，正官、七殺星是命中喜神及用神，不僅男性緣佳，可得良緣，若官殺星是忌神，則男性緣雖佳，但助益較少，甚至會因男性而吃虧，若官殺星之位置是在日支、月干、時干時，則與男性之關係密切，男性緣佳，受男性之影響力亦大，官殺星若是喜神，能接近日主或合日主，又坐下十二運之長生、冠帶、建祿、帝旺者，丈夫必有發展，婚姻幸福，能得丈夫之疼愛。

金 23
7 土　　水 9
比肩 劫財 2 1
食神 傷官 0 1
正印 偏印 1 0
正官 七殺 0 2
正財 偏財 0 1
10 火　　木 11

出生後2年11個月又7天交大運

天運五行：火
胎息：丙寅
胎元：己亥
命宮：辛亥
格局：正印格
血型：A
空亡：戌亥
喜用神：水木火
忌神：金
星座：處女座

姓名	P18		性別	女

西元　1987 年

17	30	8	76	國曆
17	7	7	76	農曆
時	日	月	年	日期
七殺	日元	正印	七殺	主星
丁火	辛金	戊土	丁火	天干
酉金	亥水	申金	卯木	地支
辛金	甲壬(木水)	戊壬庚(土水金)	乙木	藏干
比肩	正財 傷官	正印 傷官 劫財	偏財	副星
臨官 49-64	沐浴 33-48	帝旺 17-32	絕 1-16	十二運星
祿神 月德 亡煞 歲破 合	血刃 沐浴 金興 白虎 / 孤鸞 十靈日	天德 劫煞 合	將星 流霞 月德 合	特星神煞
紅豔				

73–82	63–72	53–62	43–52	33–42	23–32	13–22	3–12	歲
丙辰	乙卯	甲寅	癸丑	壬子	辛亥	庚戌	己酉	大運

104(29歲)	101(26歲)	98(23歲)	95(20歲)	92(17歲)	年
乙未 偏財 偏印	壬辰 傷官 正印	己丑 偏財 偏印	丙戌 正官 正印	癸未 食神 偏印	干支 神煞
五鬼	太陽	天狗	龍德	五鬼	神煞
105(30歲)	102(27歲)	99(24歲)	96(21歲)	93(18歲)	年
丙申 正官 劫財	癸巳 食神 正官	庚寅 劫財 正財	丁亥 七殺 傷官	甲午 正財 七殺	干支 神煞
小耗	喪門	病符	白虎	小耗	神煞
106(31歲)	103(28歲)	100(25歲)	97(22歲)	94(19歲)	年
丁酉 七殺 比肩	甲午 正財 七殺	辛卯 比肩 偏財	戊子 正印 食神	乙酉 偏財 比肩	干支 神煞
歲破	太陰	太歲	福德	歲破	神煞

二、女命桃花：

◎、子午卯酉四字全，亦主感情韻事多，見三字者（需含日時）亦是多情慾。

◎、八字水多、地支又多合，表多情多慾、處處留情。

◎、八字多合，外緣好又多情，就怕日主弱，會意志不堅受騙、難以把持。

◎、日主坐沐浴，亦主多情、多慾，見合、刑、沖更應驗。

◎、女命時支坐桃花，一般以多情慾來論。

◎、正官、七殺同現或過多時，會有好色、淫亂的情形。

◎、七殺旺、食神制殺無力（七殺帶桃花主淫亂、七殺又合桃花更驗），主一生感情豐富，生活較雜亂。

◎、正官七殺混雜、食神傷官亦混雜，無法克制自己的行為、貪慾。

◎、八字中水太旺或缺水者，皆主性慾較衝動。

◎、驛馬貴人同柱，「終究落風塵」，驛馬多逢合，女命運勢較不佳。

第六節　女命在命盤中如何看感情婚姻

1、以宮位來看，日支看「配偶」，月支看「姻緣」。

2、日干為我，日支為丈夫，丈夫的十神是正官。

3、正官論丈夫，命中無正官者，以七殺論丈夫。

4、日支正官為喜神用神，則夫妻和睦相處多恩愛，如為忌神，夫妻可能意見多，比較會爭吵。

5、日支相合（月日或日時支合），宜晚婚，早婚恐會有破敗。

6、日支本為喜用神與他支合化為忌神者，夫緣較差，婚姻會有障礙，如合化為喜用神，則代表夫助妻成功，丈夫能幹，日支為忌神又與他支合化成喜用神者，婚姻也能幸福美滿，如仍合化為忌神，則婚姻不美。

7、女命正官、七殺星為喜用神，夫妻感情佳。

8、女命有正官而不見七殺，或正官、正印齊透天干，夫妻生活美滿。

9、女命日主合正官，而正官為喜用神，夫妻感情融洽。

216

10、身強、正官、七殺爲用神，能得夫助，則夫妻相處。

11、身強、日支坐正官、七殺或正財星者，則夫妻和睦相處，可得夫助力。

12、正官與日主合，正官爲喜神用神，則夫妻和樂相處、幸福美滿。

13、日支爲喜用神，丈夫人品好、條件佳、家中富貴，或出身好，能得丈夫疼愛、關心、照顧，丈夫也能有好發展。

14、正官星爲喜用神，可嫁良夫，丈夫有助於己，可得倚靠，夫貴己亦貴。

15、正官來合日主又爲喜用神，表示丈夫疼愛有加。

16、正官星近貼日主，夫緣頗佳，能得夫之照顧。反之，遠離日主或不見官星，表示夫妻緣分較差。

17、正官星坐長生、帝旺、冠帶者，夫運較強，夫也較長壽。

18、若坐衰、病、死、墓、絕者，表夫運較差，夫身體抵抗力較差。

19、女命日支與月支合，表示丈夫與家人相處較融洽。

日支坐正偏財星者，多半有幫夫運，對丈夫有助力。

第七節　女性婚姻不佳的命格條件有哪些

1、日支或正官七殺逢六沖、六害，夫妻之間問題多。

2、日支為偏印因會洩正官又為忌神，得不到好姻緣。

3、正官、七殺混雜，丈夫性情不穩定。

4、地支辰、戌、丑、未為官殺又逢墓庫運。

5、正官、七殺星為忌神，不宜早婚，較難得到好姻緣。。

6、身旺、日支為傷官，表夫妻不合，又為忌神，婚姻易出狀況。

7、身弱，正官、七殺強，容易受夫暴力加身。

8、七殺坐羊刃，丈夫性情較凶暴又無愛心。

9、身強傷官透出天干（天干也有傷官）一樣不得夫助。

10、身弱日支坐忌神（財、官、食傷）一樣不得夫助。

11、身弱傷官透出天干亦不得夫助。

12、不論身強或身弱，官殺混雜太多，大運又走到傷官運或官殺運，離婚機率高。

13、食神、傷官與正官、七殺同柱或緊貼，亦主婚姻運不佳宜小心。

14、日支逢沖刑，夫妻常會因事爭執，婚姻不穩定，夫妻會有分居的傾向，夫多病。如又坐絕者，夫運更差或夫妻早早就別離。

15、正官星或日支落空亡時，女命容易再婚，夫早亡或夫婦易別離。

16、女命正官為忌神者，夫妻感情不佳，丈夫不疼愛。

17、女命命局正官、七殺混雜，必主丈夫性情不定、易怒。

18、女命日支坐偏印而為忌神者，夫妻不和，一樣不得夫助。

19、女命日支有六沖者，夫婦不和，一樣不得夫助。

20、女命日主弱，正官、七殺重，結婚後為家庭犧牲，丈夫有暴力傾向。

21、正官星為忌神，表丈夫無助，會為夫所累，先生無法倚靠，夫妻不和。

22、官殺混雜或太多者，異性緣雖佳，但感情較複雜又不專，而且多波折，婚前男友較多；婚後容易被引誘，心情浮動、有外遇機率、多情慾、三角戀愛，易生家庭風波或會再婚，當然能晚婚為宜。

23、正官星被他柱字合住，會與人爭丈夫，本身也容易失寵。

24、正官星被沖剋，夫運差，丈夫身體弱，婚姻不穩固，夫妻會有別離。

25、正官星坐沐浴、桃花、咸池，男英俊多情慾也風流，感情不專，可能在外會拈花惹草。

26、正財、偏財俱現，卻都被合住，容易成為第三者。

27、正官星或日支坐帝旺、羊刃，先生脾氣較性急且會較暴躁。

28、女命最怕見傷官，傷官太旺若無制化，皆主妨夫運或有凌駕丈夫傾向，若命見正財（洩）正印（剋）者，反可富貴長壽。

29、食傷太多或印星太旺者，皆宜晚婚較會有好姻緣。

30、官星坐驛馬者，所嫁之丈夫為外地人，先生在外經營事業發展較多。

31、命局正官有兩顆以上，其中一顆落空亡，恐有婚變、夫早逝、二度婚姻。

32、八字桃花星多者，除了容易犯桃花外，談戀愛之次數也多。

33、日支透天干多者，異性緣比較好，男女朋友亦多。

34、命局官星、食傷皆現，常和先生吵鬧或意見不和。

35、命局正官、七殺、比劫俱見，表戀愛、婚姻必多不順生波折或三角戀愛。

36、女命偏印多而旺，生產較困難，或有產厄，子女星較弱。

37、女命財多而旺（財生官殺），易犯桃花外遇，若印星又無力者，結婚後與公婆無交集，若印星旺，和婆媳易不和，常起爭執。

38、七殺又坐桃花，表一生情慾及濫桃花多。

39、命局地支子、午、卯、酉佔三字或四字者，多情慾、有姿色、性較開放，易犯桃花或有外遇產生。

40、日支坐七殺者，夫妻怕會不和，婚前與男友會有性行為，自己性急脾氣又壞，對丈夫比較凶。

41、日支坐偏印者，應以晚婚居多。

42、日支多合者，不宜早婚，否則婚姻恐會多變化。

43、女命日支與月支相同（伏吟）或相沖，婚事恐易遭家人反對，多波折、阻擾。

44、女命貴人不宜太多（如天乙貴人），多則外緣極佳，外緣接觸多、交際頻繁，反而擔誤家務事或疏於丈夫、兒女。

45、女命八字純陽純陰者，易對丈夫、子女不滿，晚年獨居機會高。

第八節　一生中的什麼時候是戀愛之時機

1、以日支為基準，凡流年與日支成三合、半三合、六合、六沖或三會時，就容易碰到戀愛之機會，尤其是對沖之流年更是有機會好好把握。

2、日支是寅、申、巳、亥者，對談戀愛最有心得也比較敢。

3、八字帶桃花、紅鸞者，戀愛次數比較多，如桃花逢沖，尤其特別激烈。

4、男命逢正財或偏財星之流年，女命逢正官或七殺之流年，比較有機會談戀愛。

5、女命如果是身弱，桃花運容易發生在子、午、卯、酉年。

6、日支逢歲運會、合、沖之時，主會有戀愛、喜事、婚姻之機會。

第九節　一生中之什麼時候是結婚之時機

1、流年逢天乙貴人而無被沖剋，亦有成婚之跡象。

2、流年是喜神用神之年，也有婚嫁之機會。

3、大運及流年均與原命有合，容易成婚、再加干透出或與原局同，則機會更高。

4、大運天干與原命天干五合、大運地支與原命地支六合或三合，在此大運結婚機會極高。

5、流年天干與原命天干五合、流年地支與原命地支六合或三合者，當年結婚機會極大。

6、命、歲、運三者之地支能會成「三會局」、「三合局」或「半三合」者，主當年有成婚之機會，同居也算，如已婚者，再遇合局，恐會有外遇之現象。

7、大運之天干與原命合、大運之地支與流年合，當年結婚機會極大。

8、大運之地支與原命合、大運之天干與流年合，當年結婚機會極大。

9、流年之天干與原命合、流年之地支與大運合，當年結婚機會極大。

10、流年之地支與原命合、流年天干與大運合，在這一年結婚機會極大

11、女命之大運或流年與原命同走官殺爲喜神，則易於該大運或流年成婚。

12、男命大運或流年與原命同走財星爲喜神，則易於該大運或流年成婚。

第十節　看日支的透干，再決定用什麼方式表達自己，以找尋對象

1、日支多透天干者，一生戀愛機會多，異性朋友也比較多。

2、日支全不透天干者，一生戀愛機會較少，宜經由他人介紹較易成功。

3、日支暗藏之透出在年干，則應多接觸大環境，如參加團體活動或利用戶外郊遊方式等多接觸大眾就比較有機會。可能透過長輩介紹，較容易找到對象。

4、日支暗藏透出在月干者，如果透過兄弟朋友介紹比較容易找到對象。

5、日支藏干透出在日干者，可能需自我主動積極表達，就會有人欣賞。

6、日支暗藏透出在時干者，可儘量在工作上或技術上表現自己的能力，就會有人喜歡或來接近您。

7、日支藏干透出在時干者，可經由晚輩介紹較容易成功。

第十一節 以日支十神特性論配偶之性情為何

以日支之十神論配偶之性情，十分可靠。

1、日支為比肩者：行事穩健、做事果斷、有理性且主動，但容易形成孤僻與他人較不投緣，有時會流於自私自利。

2、日支為劫財者：具有冒險患難、堅忍奮鬥之精神，積極進取，有時易衝動、脾氣較火暴，有時也會自滿、自以為是。

3、日支為食神者：個性溫文隨和，為人寬容厚道，心地仁慈善良，但有時易隱藏缺點裝斯文，流於固執心態。

4、日支為傷官者：看起來就是聰明能幹的樣子，很有才氣，很活潑、善辯，但有時會很任性、叛逆，且很自傲的樣子。

5、日支為正財者：一生勤勞節儉，凡事任勞任怨，做事很踏實且保守，但容易苟且偷安、得過且過，有時也會有怠惰行為。

6、日支為偏財者：個性慷慨、多情，動作敏捷、機伶，很重視友誼，但心態易虛榮，

行為較浮華，會有投機與浪費現象。

7、日支為正官者：為人正派、正直，也能負責盡職，做事能循規蹈矩，但也易墨守成規，流於刻板、嚴肅現象，最好能親和一點。

8、日支為七殺者：個性較偏激，處事較積極，脾氣較倔強又嫌暴躁點，但也容易有叛逆、違規，流於極端霸道之現象。

9、日支為正印者：為人聰穎、仁慈，個性穩重、敦厚，總能逆來順受，但缺乏進取之精神，流於消極現象。

10、日支為偏印者：一生精明幹練、機靈、冷靜有理智，但容易有孤獨冷漠、不近人情的現象。

第九章　如何從命盤中看出六親緣分及助力

姓名	P19			性別	男
西元	1988 年				
17	19	5	77	國曆	
17	4	4	77	農曆	

	時	日	月	年	日期
主星	正印	日元	傷官	偏財	
天干	癸	剋 甲	剋 丁	戊	天干
地支	酉 金	戌 土（半三合）	沖 巳 火	辰 土	地支
藏干	辛 金	丁辛戊 火金土	庚戊丙 金土火	癸乙戊 水木土	藏干
副星	正官	傷正偏 官官財	七偏食 殺財神	正劫偏 印財財	副星
十二運星	胎 49-64	養 33-48	病 17-32	衰 1-16	十二運星
特星神煞	流飛桃紅 霞刃花	華歲 蓋破	七文劫天 殺昌煞喜	日金 破興	特星神煞

喜用神：火土
忌神：水木 申酉
空亡：戌亥 申酉
血型：0
格局：偏財格
命宮：乙卯
胎元：乙申
胎息：戊申
天運五行：己卯木
星座：金牛座

出生後5年8個月又11天交大運

大運：
| 76-85 乙丑 | 66-75 甲子 | 56-65 癸亥 | 46-55 壬戌 | 36-45 辛酉 | 26-35 庚申 | 16-25 己未 | 6-15 戊午 |

年	干支	神煞
104（28歲）	乙 劫財 / 未 正財	太陰
101（25歲）	壬 偏財 / 辰 偏財	太歲
98（22歲）	己 正財 / 丑 正財	福德
95（19歲）	丙 食神 / 戌 偏財	歲破
92（16歲）	癸 正印 / 未 正財	太陰
105（29歲）	丙 食神 / 申 七殺	五鬼
102（26歲）	癸 正印 / 巳 食神	太陽
99（23歲）	庚 七殺 / 寅 比肩	天狗
96（20歲）	丁 傷官 / 亥 偏印	龍德
93（17歲）	甲 比肩 / 申 七殺	五鬼
106（30歲）	丁 傷官 / 酉 正官	小耗
103（27歲）	甲 比肩 / 午 傷官	喪門
100（24歲）	辛 正官 / 卯 劫財	病符
97（21歲）	戊 偏財 / 子 正官	白虎
94（18歲）	乙 劫財 / 酉 正官	小耗

第一節　論祖上：看年柱

1、年柱為正財、正官、正印又為喜用神，坐下貴人，祖上顯耀。

2、年柱為七殺、劫財、傷官、偏印又為忌神，坐下有煞神、羊刃，又逢刑、沖、破、空亡，表示祖業較少不富裕或少年時跟祖上緣分較薄。

第二節　論父母：看月柱

1、宮位：月柱。父母在代表父母，父母不在看兄弟。

2、月干為父親、兄弟。月支為母親、姐姐。

3、父親以偏財代表。母親以正印代表。（印星有時亦代表父母）

4、月柱為喜神用神，青年時期（16～32歲）如意順遂、家境佳、父母多助力。

5、月柱為忌神，青年時期（16～32歲）較不順、錢財不算富裕、父母助力較少。

6、月干為喜用神，父親、兄弟多助且緣分厚；反之，為忌神，父兄無助且緣薄。

7、月支為喜用神，母姐多助且緣厚；反之，為忌神，母姐無助且緣薄。

8、月柱如有正財、正官、正印、食神，父母可得富貴顯榮，家業興隆。

9、偏財星為喜神用神，與父親緣厚，感情良好。

10、正印為喜神用神，與母親緣厚，感情良好。

11、比肩劫財旺，或比肩劫財近剋偏財，得祖產機會不多。

12、命中傷官、正印同柱或貼近，多半與母親不和，或求取功名亦常不順心。

13、年柱、月柱形成天剋地沖，與父母緣分差。

14、命盤中見四比肩劫財，比較會刑剋父親。見四財星，比較會刑剋母親。

15、月柱落空亡，與兄弟姐妹互動少無助力，或早別離。

16、偏財落空亡，父親運勢較差，或體弱病多，或早別離。

17、正印落空亡，母親運勢較差，或體弱病多，或早別離。

18、年柱或月柱生、合日柱，得父母之疼愛。

19、正印星透出天干，母親管家掌權、發號司令。偏財透出天干，父親管家掌權、發號司令。

20、年比肩、月正官，在家中可能為長子或長女。

21、年劫財、月無正官或正印，在家中可能為弟妹。

22、日主與偏財緊貼或有沖剋，與父親較難溝通。

23、年柱或月柱干支相生，父母祥和、家人和睦。但相剋者，父母會有不和。

24、財星或印星坐驛馬，表示父或母在外經營打拼，較少在家。

第三節　論兄弟：看月柱

1、兄弟之間之情況如果從八字中看來若無幫助反而有害，則做父母的宜盡量讓他們分開，少在一起，避免吵架而傷到感情。

2、若八字中比肩、劫財是忌神，表示兄弟不宜走得太近，否則易有爭執，若分開稍遠一點，不牽涉金錢關係，感情反而會較好。

3、以宮位看：月柱代表父母、兄弟，月干為父兄，月支為母姐。

4、比肩看兄弟間之情況。劫財看姐妹間之情況。

5、月柱為喜神用神，兄弟姐妹條件尚佳，成就較高。反之，如為忌神，則兄弟姐妹條件較差，對自己助力不多。

6、比肩、劫財坐死、墓、絕者，一生運勢較弱難發展，且成就不會很高。

7、比肩、劫財為桃花星者，兄弟姐妹好酒色、風流、慷慨。

8、比肩、劫財坐吉神，如天乙貴人、天德貴人、月德貴人、福星、天赦、三奇、祿神等，代表時運際遇佳，一生比較容易成功、發達、富貴。

9、比肩、劫財為喜用神者，一生能得兄弟姐妹或朋友之助力，有益於我。

10、比肩、劫財為忌神者，易受兄弟姐妹或朋友之拖累，或小人暗害。

11、比肩、劫財為喜用神又來合日柱，兄弟間能同心協力共創事業。

12、月柱之天干及地支生扶日主，能得兄弟姐妹幫助。

13、比肩、劫財坐長生、臨官、帝旺者，兄弟姐妹皆能有成就。

14、月柱坐長生、祿、貴人、吉神、喜用神等者，兄弟成就較高，或能富或得貴。

15、月柱或比肩劫財落空亡，兄弟姐妹不合無共識，對自己助力少。

16、比肩、劫財來沖剋刑合喜用神，一生常受兄弟姐妹所連累，或為兄弟姐妹之事操心。

17、比肩、劫財為喜用者，可與手足同輩或友人做合夥事業，若為忌神者，不宜與手足或友人合夥。

18、比肩、劫財坐將星者，兄弟姐妹能富貴得財、得權。

第四節　論子女：看時柱

望子成龍、望女成鳳是身為父母者的希望，男命以七殺看兒子，男命以正官看女兒，女命以傷官看女兒，女命以食神看兒子。在看子女時如能用官殺為主、食傷參看較可精確論斷。

1、時支或食傷逢刑、沖，會為子女操煩或子女不和睦。

2、時支或食傷為用神，表子女賢孝，子女有助力、有福氣。如為忌神，子女較不聽話，得到子女助力少。

3、時支或食傷：

坐紅鸞或天喜：子女面貌秀氣。

坐空亡：子女恐有損傷或會離散。

坐長生：子女可長壽。

坐華蓋：子女聰明但較孤獨，子女緣薄。

坐天月德貴人：子女孝順，心地慈祥。

坐貴人：子女面貌秀氣、聰明，可富貴。

坐墓、死、絕：子女多疾病。

坐帝旺、臨官：子女大都可榮華富貴。

坐孤辰、寡宿：子女較孤獨，少子、子較不長進，子助力少。

4、男命多食神傷官，有子孫不旺現象，傷官極旺，對長男不利。

5、女命傷官坐空亡，可能會子少或子孫星弱。若有貴神或逢合不論。

6、男命四柱全陽或全陰：表一生乃孤獨之命，宜多行善可以改善先天運命。

女命四柱全陽：生子機會多。女命四柱全陰：生女機會多。

陽日陽時：生男機會多。

陰日陰時：生女機會多。

陽日陰時：先生男後生女機會多。

陰日陽時：先生女後生男機會多。

7、男命食神為用神坐空亡，子有先天病之憂慮。逢合不論。

女命食神為用神坐空亡，女有先天病之慮。逢合不論。

8、男命食神傷官為喜神用神或時柱為喜用，獲子較遲也難養，子有先天病之慮。逢合不論。

9、食神傷官或時柱為忌神，表易受子女之拖累，主兒女易生事，本人晚年也較孤獨。

食神傷官為喜神用神或時柱為喜用，表示子女孝順也得力。

10、食神傷官若逢空亡，表兒女有所損傷或會離散。

11、時柱逢孤辰寡宿者，子息較不長進且無助力。

12、食神坐空亡者，子女學五術算命或學佛皆能有所成就。

13、食神傷官遭沖剋表示子女容易受傷或子孫星不顯。

14、女命時支逢三合、六合、對沖的流年，比較容易懷孕，如先生之時柱又為喜用時，懷孕機率更高。

15、時柱為喜用，主子女孝順，得享子女之福，晚年榮華可期。

16、命局中用神為食神或傷官，表示子女對我們的助力較大。

第五節　子少或無子或子不得力者

1、日主弱，命盤滿局都是食神或傷官者。

2、男命四柱干支全陽者，子息星弱。

3、女命四柱干支全陰，子息星弱。

4、命局正印偏印太多，會剋子息星或子女星不顯。

5、命局正財偏財、正官七殺太旺，也表示子息弱。

6、食神傷官星不遭沖剋者，一生必定有子。

7、七殺過重而無制者，亦可能子息弱。

8、時支或食神傷官星與孤辰、寡宿同柱者，是孤單命，或少子，或子不得力。

9、日主旺，正偏印重、食神傷官少或無正偏財，主子女少或較難有子女。

10、時柱或子女星落空亡，子女中可能有早夭者或懷孕中流產，子女體弱多病，易發生意外，或子息少，多生女不生男。

11、時柱或子女星逢沖剋刑，子女較多災疾，或與子女多不和，或子女叛逆不聽話，或

不易得子。

12、日柱與時柱相生，父慈子孝、家庭和樂、相處融洽。

13、子女星坐驛馬者，子女活潑好動，在家待不住，往外地發展，常在外較少在家。

14、七殺過旺時，子女成員不多。

15、時柱或子女星坐桃花、咸池、沐浴等桃花星時，主子女風流。

16、時柱爲華蓋加逢刑沖剋，晚年孤獨或子女不在身旁。

17、八字不見子女星，逢行正官七殺、食神傷官、用神之歲運，可得子。

18、食神傷官爲喜用又臨長生者，子多而福祿多壽。

19、正官七殺旺、食神傷官重，須待行印星之年或官殺之年方能得子。

20、正官七殺重，在食神歲運較有機會生子。

21、正官七殺輕，在財星歲運較有機會生子。

22、正官七殺輕、食神傷官輕，在印星歲運較有機會生子。

第六節　判斷子女有多少之方法

一生中會有幾個子女，在現代社會已無多大意義，用八字來斷也沒太大意義，節育觀念已深植人心，但仍有眾多來論命之客人會問：一生會有幾個子女？所以特別把判斷方法列，下以便做為有興趣者參考。

應該會有子：

1、食神或傷官重，有印星為用神，並無財星，表有子。

2、有食神或傷官，無官星，表會有子。

3、正官七殺旺，有印星，逢財星，會為子操勞。

4、無食神或傷官，有印星，子多。

有可能無子喔：

1、男四柱全陽、女四柱全陰，有可能子女星不顯。

2、命盤滿局多食神或傷官，有可能子女星不顯。

3、食神或傷官逢沖剋，有可能子女星不顯。

4、七殺過重、無制，有可能子息星不顯。

5、財官過旺，有可能子息星不顯。

6、女命滿局正偏印剋食神傷官、無財星，對生兒育女的磁場較弱。

7、多食神或傷官，無大運助日主子病或少、生產不順。

孩子可能會比較多：

1、有食神或傷官，無正偏印星，子女較多。

2、食神或傷官輕、無正偏印星、有正官七殺，子必多。

3、支藏食神或傷官、無正偏印星、比劫多，子必多。

4、傷官旺，無財、印，子多而強。

5、官星強，食神或傷官無沖、剋，有子。

孩子可能會比較少：

1、多正印偏印、無財星可「制印」，子較少。

2、食神或傷官輕、多印星，子女少。

3、有傷官、劫財、官星坐空亡，一生須靠自己。

第七節　論此生的外交機運狀況

論外交之判斷，一般都以驛馬星爲主。

1、命盤上見驛馬星之人，一生有多次旅遊運，驛馬逢三合則不準。

2、四柱驛馬星並見財星於命局上者，應該是商人，爲事業常至外地打拼。

3、四柱驛馬星但不見正偏財，一般多爲公職人員或爲他人之事而出差。

4、命帶驛馬星、八字用神無傷者，一生有多次出國運或遠行機會。

5、如果驛馬星在寅，流年走到申，寅申沖，則會有換職業之現象。

6、驛馬星在寅，流年也是寅時，則此年有遠行或搬家之現象。

7、驛馬星若是忌神又逢沖，會有車禍刑傷之厄，要小心。

8、驛馬星逢羊刃又逢沖，則容易有刀傷。

9、四柱地支逢沖之時，大都較易有遠行或遷移、搬家之現象。

10、八字之中傷官、食神星多者，一生主多變動。

11、八字之中沒有傷官，但五行水多或食神多者，亦主多變動。

12、年月支對沖，主年少即早出家門，適合遠離出生地發展。

243

第十章

論此生的貴人在哪一方

水 9
比肩 劫財
10
正印 偏印
2 1
食神 傷官
0 1
21 金　　　　木 5
正官 七殺
2 0
正財 偏財
0 1
15 土　　　　火 10

出生後9年3個月又6天交大運

天運五行：金
胎息：丁巳
胎元：壬申
命宮：戊寅
格局：偏財格
血型：AB型
空亡：戌亥
喜用神：水
用神：戌亥
忌神：土
星座：雙子座

姓名	P20		性別	男	
西元		1985 年			
17	2	6	74	國曆	
17	14	4	74	農曆	
時	日	月	年	日期	
正官	日元	正印	傷官	主星	
己 土	壬 水	辛 金	乙 木	天干	
酉 金	申 金	巳 火	丑 土	地支	
辛 金	戊壬庚 土水金	庚戊丙 金土火	辛癸己 金水土	藏干	
正印	七比偏 殺肩印	偏七偏 印殺財	正劫正 印財官	副星	
沐浴 49-64	長生 33-48	絕 17-32	衰 1-16	十二運星	
沐血白金 浴刃虎匱 桃花	學血龍天 堂刃德喜	劫天天五 煞乙德鬼 貴貴 人人	金月 輿德 合	特星神煞	
80 — 89 癸 酉	70 — 79 甲 戌	60 — 69 乙 亥	50 — 59 丙 子	40 — 49 丁 丑	30 — 39 戊 寅	20 — 29 己 卯	10 — 19 庚 辰	歲 大運

剋（乙→辛）
半三合
合（巳酉）半三合
半三合
半三合

104 (31歲)	101 (28歲)	98 (25歲)	95 (22歲)	92 (19歲)	年
乙 傷官 未 正官	壬 比肩 辰 七殺	己 正官 丑 正官	丙 偏財 戌 七殺	癸 劫財 未 正官	干支
歲破	太陰	太歲	福德	歲破	神煞
105 (32歲)	102 (29歲)	99 (26歲)	96 (23歲)	93 (20歲)	年
丙 偏財 申 偏印	癸 劫財 巳 偏財	庚 偏印 寅 食神	丁 正財 亥 比肩	甲 食神 申 偏印	干支
龍德	五鬼	太陽	天狗	龍德	神煞
106 (33歲)	103 (30歲)	100 (27歲)	97 (24歲)	94 (21歲)	年
丁 正財 酉 正印	甲 食神 午 正財	辛 正印 卯 傷官	戊 七殺 子 劫財	乙 傷官 酉 正印	干支
白虎	小耗	喪門	病符	白虎	神煞

246

方法(一)

用八字來斷此生的貴人在哪一方，可直接看命盤的喜用神所代表的五行來決定貴人在哪一方。

以下建議是以本人住宅區域或辦公室爲中心

如果喜用神爲木，那貴人方爲東方。

如果喜用神爲火，那貴人方爲南方。

如果喜用神爲土，那貴人方爲中部。

如果喜用神爲金，那貴人方爲西方。

如果喜用神爲水，那貴人方爲北方。

方法(二)

可用出生年的天干爲基準

甲戊庚牛羊：甲年、戊年、庚年出生之人貴人在東北方、西南方。

乙己鼠猴鄉：乙年、己年出生之人貴人在北方、西南方。

丙丁豬雞位：丙年、丁年出生之人貴人在西北方、西方。

六辛逢馬虎⋯辛年出生之人貴人在南方、東北方。

壬癸兔蛇藏⋯壬年、癸年出生之人貴人在東方、東南方。

命盤P19之喜用神爲木與水

如果喜用神爲木，那貴人方爲東方。

如果喜用神爲水，那貴人方爲北方。

由此可知該員之貴人方爲上述之建議方位。

命盤P19之出生年爲戊干

甲戊庚牛羊⋯甲年、戊年、庚年、出生之人貴人在⋯⋯東北方⋯⋯西南方。

命盤P20之喜用神爲木與火

如果喜用神爲木，那貴人方爲東方。

如果喜用神爲火，那貴人方爲南方。

由此可知該員之貴人方爲上述之建議方位。

命盤P20之出生年爲乙干

乙己鼠猴鄉⋯乙年、己年出生之人貴人在⋯⋯北方⋯⋯西南方。

由此可知該員之貴人方爲上述之建議方位。

第十一章

論此生選哪一種行業最有發展潛力

以喜用神所屬之五行來選擇行業，大部分命相界都能認同，以下是依喜用神之五行分別闡述各五行之行業之分類：

以命盤P19來論喜用神為木火，所以喜用行業就可參考以下屬木跟屬火的建議

●命中喜神用神為木者：與木材或植物或文教有關之行業

如文具、書店、出版社、文化事業、家具、木器、木材、建材、裝潢、園藝、花草、盆栽、竹器製品、茶葉、紙業、書籍、作家、教師、素食品、宗教文物、香料、公教、政治、軍警、公務界、藥物、醫療等業。

●命中喜神用神為火者：與能量有關之行業

諸如與高熱能之行業或產品有關如油、酒、瓦斯、工廠、修護、食品、自助餐、熱食，以及光亮性如燈飾業、照相業、煙火業、泡棉業等易燃業，理燙髮美容、化粧品、服飾、百貨、電機、印刷、燃料等，電器產品、吃的、發電業等。

●命中喜神用神為土者：大概與土地或房地產仲介有關

企管顧問、設計、秘書、代理商、工程承包、營建、不動產、土地買賣、瓷器、農作物產品、代書、仲介、介紹業、管理、水泥、大理石、防水業。

● **命中喜神用神爲金者：大概與金融類、機械鐵器有關**

如金屬加工、刀具、機械、汽車、珠寶、銀樓、電子、電器、財務、銀行、保險、信託、五金類、工具、模具、寶石、鑄造、研磨、科技、武術、民意代表等有關行業。

● **命中喜神用神爲水者：大概與大眾傳播、服務業有關**

記者、演藝事業、外交、業務、交通業、搬家業、運輸業、航空、船運公司、旅行社、旅遊業、海鮮、漁業、冷凍、冷飲、玩具、音響、航海、清潔業、攤販、自由業等較不固定、不安定、多變化、流動性，或者與水液體有關之行業。

第一節 以下是以喜用神中的十神來選行業

以命盤P19來論，喜用神為木火，以木只有五分，含「食神、傷官」之行業就是這輩子最適合的行業。

◎比肩：比肩個性有點孤立不受拘束心性，適合於自由業、服務業、合夥事業。

◎劫財：天生具有勤勞刻苦之特性，可從事外銷、武市、流動事業、競爭激烈、指揮者等之行業。

◎食神：食神修養好有寬宏度量，有精神、待人和氣，適合於服務業、業務、才藝，適合靠藝術及才華而成功。

◎傷官：表達力極佳有才氣，適合於律師、辯論、教授、畫家、音樂家、節目主持人、文教、出版社、代書。

◎正財：具有理財能力，精打細算，適合做生意或在商業界發展，宜於金融、財政、店舖類之經營，正財者，大都從事於較靜態性之工作或事業。

◎偏財：具理財能力，重情義、慷慨，外交手腕極佳，適合於商業活動，即經商、推

銷、貿易、股票、金融等較屬活潑性。

◎正官：具有管理能力，負責任心，易擔任掌權之事業，也很適合直接管理部下，故宜從事政治、公敎、司法人員、記者、公司主管之行業。

◎七殺：七殺具有耐力、幹勁、不服輸等性格，適於從事外科醫生、領導指揮者，或具有競爭與破壞性質之工作，或對未知事情做判斷性之工作。

◎正印：正印仁慈寬容，適合文書、行政、文敎、學術、宗敎、文學家、清高性之工作，正印格人大都靠自己之學術而成功者居多。

◎偏印：偏印之心性精明幹練、領悟力高，適合於研究工作、宗敎類、醫卜、星相、設計、武術、幕僚等較特殊之行業，以及偵探等類之工作可。

以下是用喜用神中的十神簡單統計來選行業

用　　神	一生中最適合之行業別
比肩為用	自由業、服務業、合夥業、老闆。
劫財為用	旅館、酒吧、舞廳、當舖、旅遊、觀光、招待、貿易。
食神為用	銷售、保險、外務、才藝、仲介業、搞客。
傷官為用	各項才藝、藝術、演藝、廣播、律師。
正財為用	工商、工廠、門市、批發、一步一腳印之行業
偏財為用	投機業、股票、證券、房地產、金融。
正官為用	政治界、公職、民意代表
七殺為用	警界、運動、軍警、司法、特技、生化醫療。
正印為用	教育、宗教、文化、學術界、圖書、慈善事業
偏印為用	演藝界、科技、醫療、律師、設計業、五術、宗教。

254

第二節　以其他條件論此生行業別

1、正財偏財為喜用神，又有食神傷官來生財，一生適合經商發展。

2、正財合日主，表示財緣佳，財來就我，一生勤於事業。

3、有食神傷官生財，表能力，有商業頭腦、眼光獨特，最適合經商。

4、從財格之人，事業心重，從財格之男女，皆適宜經商。

5、天干正財正官正印並透干、日主又不弱，行大運時名利雙收。

6、大運之第一、二柱是行傷官運或財星運者，往往會早出社會打拼。

7、財官印並透之人，是為掌權之命也。

8、七殺星多透出天干為忌神時，不宜合夥事業，生平愼防小人，可能會耗財。

9、身弱命中七殺多而通根，怕被管，上班最好，也不宜做生意。

10、正印、偏印皆透出天干，容易身兼兩種職業。

11、偏印底下坐華蓋，很適合讀醫科，做醫生、命理諮商師亦可。

12、身強（正偏印、比劫）加起來超過30分，命盤有傷官生財條件，最適合經商。

255

13、食神傷官為喜用神，適合經商，尤其是有關藝術、古玩方面之生意更佳。

14、財星坐驛馬或是同柱為用神，可從事國際貿易、旅遊等行業，可以發財。

15、食神與印星兩旺者（因有才華又有名利），最適合教師之職業。

16、七殺與偏印同柱者，適宜從事不受時間、空間限制之學者，如五術類、山、醫、命、卜、相，或藝術家。

17、命帶食神者，也很適合從事食品業或品嚐師之行業。

18、命帶天醫者，可以從事醫科可成為良醫、名醫，或和醫療有關行業。

19、食神生財者，在金融業任職，或以技術行業作生意都很好，作飲食業也易發揮其特色。

20、有正官配印，或殺印相生者，大都能成為高級職員或高級公務員。

21、偏印為副業之星，偏印格常兼作兩種以上行業，正偏印雜者，更有此傾向。

22、如華蓋、文昌、空亡與正印同柱者，容易於文化界或宗教界有所成就。

23、正印星坐墓運者，也容易在文化界、宗教界取得好名聲。

24、偏印旺之人較易有靈異體質，適宜從事通靈或神職、宗教之行業。

25、命中劫財是忌神者，常被親友倒債、倒會，錢少借人家爲妙。

26、食神又有文昌、華蓋者，對任何事都好奇，可成爲興趣廣泛之文學家。

27、正財格之人正直，不適於投機性事務，及有賭博性或須決策性之工作。

第三節 一生適合什麼樣工作及位階

一般人想踏入社會前，大都會思考自己要選擇哪種行業，才能發揮本身具有之才華，以下就用八字之基本架構及選擇行業之原理優勢來提供公司或個人在選擇行業時之參考。

● 最適合當經理人或下決策之人：

1、命盤中有食神且能制七殺者。

2、七殺為喜用神者。

3、正財生七殺為喜用神者。

4、傷官生偏財又為喜用神者。

● 一生較適合會計財務之人：

1、有正官正印相生之人適合財務工作。

2、財星坐金匱或將星之人適合掌管財務。

3、財旺但身弱且無傷官之人適合財務。

4、正財格且以正財為用之人適合財務性質。

● 一生較適合外務員、業務擴展之人才：

1、命局中有食神制七殺者。

2、命局中有傷官剋七殺者。

3、命局中有七殺、陽刃兩全者。

4、偏財為喜神用神，又有傷官來生財星，且不逢破壞者。

5、七殺為喜神用神，又有偏財生七殺者。

6、偏財為喜神用神，又有食神生正偏財者。

7、偏財旺、喜用神為比肩者。

● 一生較適合文職幹部者：

1、命局中有七殺被合合只留正官者皆適合。

2、命局中有財官相生者皆適合。

3、命局中有官印相生者皆適合。

4、命局中有以正官為用神、以正印為用神者皆適合。

● 一生較適合從事研究人員者：

1、命局中有帶華蓋之人皆適合。

2、命局中格局是偏印格之人皆適合。

3、命局中是身弱且是傷官生正財者皆適合。

4、命局中是身弱且食神生正財者皆適合。

5、命局中是以偏印為喜神用神者皆適合。

● 一生較適合幕僚人員：

1、財官相生或官印相生為喜用之人。

2、日主坐長生之人皆適合。

3、日主坐建祿之人皆適合。

4、生於申（七）月之人皆適合。

5、生於戌（九）月之人皆適合。

第十二章

論個人此生的最佳房屋座向在哪一方

五行分布

```
            火
        比肩 劫財
         1   1
   木            土
正印 偏印    食神 傷官
 0   1      1   2
   七殺 正官  偏財 正財
    0   0    0   1
      水      金
```

空亡：子丑辰巳
血型：O
忌神：火木
用神：金水
体檢宅命：震命
体檢地支：卯
体檢天干：丙

P21命盤範例

姓名	P21			性別	女
西元		1979 年			
國曆	8	30	3	68	
農曆	8	3	3	68	

日期	時	日	月	年
主星	七殺	日元	劫財	傷官
天干	壬 水	丙 火	丁 火	己 土
地支	辰 土	申 金	卯 木	未 土
藏干	癸乙戊 (水木土)	戊壬庚 (土水金)	乙 (木)	乙丁己 (木火土)
副星	正正食 官印神	食七偏 神殺財	正印	正劫傷 印財官
歲運	49-64	33-48	17-32	1-16
由天干看	事業家庭 人際關係 子孫學生 部屬員工	本人 外在個性	兄弟 姊妹 父親 朋友同輩	祖先 父親 上司長輩 上流人士
由地支看	事業家庭 人際關係 子孫學生 部屬員工	配偶 創業機運	本人 內在特性	母親 祖母 司長 上長

天干：丙合壬（化）
地支：卯申害，辰申半三合，卯未半三合

流年

6	5	4	3	2	1	流年
甲寅56	甲辰46	甲午36	甲申26	甲戌16	甲子6	3
乙卯57	乙巳47	乙未37	乙酉27	乙亥17	乙丑7	4
丙辰58	丙午48	丙申38	丙戌28	丙子18	丙寅8	5
丁巳59	丁未49	丁酉39	丁亥29	丁丑19	丁卯9	6
戊午60	戊申50	戊戌40	戊子30	戊寅20	戊辰10	7
己未1	己酉51	己亥41	己丑31	己卯21	己巳11	8
庚申2	庚戌52	庚子42	庚寅32	庚辰22	庚午12	9
辛酉3	辛亥53	辛丑43	辛卯33	辛巳23	辛未13	0
壬戌4	壬子54	壬寅44	壬辰34	壬午24	壬申14	1
癸亥5	癸丑55	癸卯45	癸巳35	癸未25	癸酉15	2
子丑	寅卯	辰巳	午未	申酉	戌亥	空亡

男女手掌命卦法

五
五黃

巽　乾
震　兌
坤　艮
坎　離

四　六
三　七
二　八
一　九

女歸八艮
男歸二坤
碰到五黃

女由八艮順數

男由七兌逆數

263

簡易陽宅概略　自己動手改陽宅

我們常聽說：「一命、二運、三風水、四積德、五讀書。」以上除了命不能改以外，要改變運勢尚有太多的機會，以生活角度來看，平日我們所處的環境（陽宅）處處是風水，若把「風水」兩個字先擺放一邊，我們還是發現日常生活中，許多事仍擺脫不了這兩個字，很奇妙吧！例如：家中的沙發太暗沉，那麼擺個亮麗的抱枕，或放一盆綠色植物來襯托它；或者家中牆壁髒舊、剝落，感覺家中沒有生氣，於是重新粉刷改變家中的氣氛，這些不舒服的感覺就是所謂的氣場、磁場。

尤其是買二手屋要搬進去之前，請先擇日將整棟屋子重新粉刷一遍，以迎接新氣象，因前屋主是因某些原因才將房子賣出，粉刷之後可將穢氣清除，所以說風水風水最終目的還是在幫人們創造一個良好的舒適環境。

在介紹適合本命所居住的房子是一項相當重要的學問。

如何挑選對自己最有助力的房子，可依自己本命出生年對照就可知道該如何挑房子了。

坎命之人：（男）16、25、34、43、52、61、70、79、88、97年生

（女）12、21、30、39、48、57、66、75、84、93年生

最吉方：座東南向西北。次吉方：座北向南。吉方：座東向西、座南向北。

坤命之人…（男）15、21、24、30、33、39、42、48、51、57、60、66、69、75、78、

（女）13、22、31、40、49、58、67、76、85、94年生

最吉方：座西南向東北。次吉：座西北向東南。吉方：座西向東、座東北向西南。

震命之人…（男）14、23、32、41、50、59、68、77、86、95年生

（女）14、23、32、41、50、59、68、77、86、95年生

最吉方：座北向南。次吉方：座東南向西北。吉方：座南向北、座東南向西北。

巽命之人…（男）13、22、31、40、49、58、67、76、85、94年生

（女）15、24、33、42、51、60、69、78、87、96年生

最吉方：座東向西。吉方：座北向南、座東南向西北。

乾命之人…（男）11、20、29、38、47、56、65、74、83、92年生

265

（女）17、26、35、44、53、62、71、80、89、98年生

最吉方：座西向東。次吉方：座東北向西南。吉方：座西南向東北、座西北

向東南。

兌命之人：（男）10、19、28、37、46、55、64、73、82、91年生

（女）18、27、36、45、54、63、72、81、90、99年生

最吉方：座西北向東南。次吉方：座西南向東北。吉方：座東北向西南、座

西向東。

艮命之人：（男）18、27、36、45、54、63、72、81、90、99年生

（女）16、19、25、28、34、37、43、46、52、55

最吉方：座東北向西南。次吉方：座西向東。吉方：座西北向東南、座西南

向東北。

離命之人：（男）17、26、35、44、53、62、71、80、89、98年生

（女）20、29、38、47、56、74、83、92年生

最吉方：座東向西。次吉方：座南向北。吉方：座東南向西北、座北向南

由上表對照，如購買新屋時可由自己年次擇優參考之。

現代人身處都市叢林（高樓大廈臨立），要選明堂（大門口）寬闊，玄武（後背）有靠，青龍（房屋左邊）、白虎（房屋右邊）環繞有情，實非易事，所以居家室內環境成為首要問題。

大門：分外大門及內大門，外大門主貴人臨府，古人云：「外門大招得外財糧，內大門主閤家平安。」外財進來是否留得住那就得看內大門了。

萬物有形就有靈，有些年輕人喜歡在門上貼上各種可愛的小飾品，或磁鐵娃娃，或動物造型貼紙，貼久了或破損未撕下，對家中成員身體會有不好的影響。

大門在風水裡相當的重要，所謂曆「四兩」，門「千金」，整個大地之氣皆由門進來，財也從大門來，在門口貼一些奇奇怪怪的飾品，財神會不想甚至不敢進來你家，還是讓你家大門保持原來素淨的樣子。鞋櫃最好擺放在外面而且擺放整齊，裡面放些粗鹽吸穢氣，一個月換一次，讓你的腳丫子天天都足爽。若是鞋子亂擺在門口不收整齊，會形成跑路煞，阻礙家中的財運。

浴室、廁所：最好保持乾爽，不要整天都濕濡濡，最理想的是讓窗戶能夠通氣，否則

裝個抽風機，再來可選擇種一盆土種黃金葛，和放一杯粗鹽（30公克），再裝上門簾，因黃金葛可釋放芬多精，粗鹽，吸收穢氣，一吸一放，廁所中不好氣降至最低。

廚房和客廳：「客廳要明亮」，這句話點出了陽宅及住家環境的重要，古人說：「明廳暗房。」即是此理，客廳是屋相的心臟，不可有陰暗的感覺。再來是廚房，於風水的角度，最好能夠明確的分隔，主要是希望能阻隔廚房的油煙；避免油煙充斥整間房屋，嚴重影響屋子的「氣」，導致居住成員身體健康受到影響，此外廚房屬陰，客廳屬陽，陰陽之間也必須有所區隔，否則家中男、女主人容易有磨擦。

文昌位（書桌）：可分為固定文昌、流年文昌或個人文昌，固定文昌在東南方，以流年96年文昌在西方，個人文昌需要個人年次換算查詢，書房內要光線充足，空氣要流通，書桌盡量面向牆壁（較能專心），如果文昌位在廁所旁邊也比較不好，小孩房間格局不大，不要把書桌放在房門口有沖煞的地方即可。

床位：跟每一個人息息相關，人工作一整天需要休息，恢復體力，有一些房子的構造很奇怪（如套房、加蓋房），從大門進去第一眼看到的不是客廳的沙發而是床舖，有一句諺語：「先見床夫妻房事比較忙。」夫妻均會比較容易犯桃花，尤其是女主人會常思淫慾，這

種房子也叫做「退財房」，家運、事業漸漸退敗，錢財存不起來。

床頭不要靠近廁所，尤其是馬桶的位置，床鋪上方，不要有橫樑，背後不要有窗戶，這會影響個人的智慧，頭腦混淆不清，房間以柔和爲訴求，天花板不要太花俏，床頭要靠牆，人睡在龍邊，龍邊主貴人，以祈求天天有貴人相助。

所謂福地人居，善爲至寶一生用，心爲良田百世耕，希望每一個人一雙手能勤做善事，一顆心能夠有義，一輩子都能夠歡喜自在，每個人都能風生水起好運來。

以P21命盤得知，該女是68年次查表即可知爲震命。

震命之人：（男）14、23、32、41、50、59、68、77、86、95年生

（女）14、23、32、41、50、59、68、77、86、95年生

最吉方：座北向南。次吉方：座東南向西北。吉方：座南向北、座東向西。

第十三章
論個人此生的讀書運及考試運如何

望子成龍、望女成鳳是每個身為父母的人對於子女之期望與寄託，身為父母者都期望每個子女都擁有高學歷、好成就，但有些家長總是不能如願，有些子女適合讀書，有些子女適合經商創業，如能用子女的命盤看出未來的學業走向，依其本命所具有之才華、心性、志向來開拓自己之人生是最好不過了。

學歷與考試運從命盤如何看

以命盤P21論學業大概都看食傷、官殺及印星之喜忌關係。

第一節　論學歷

1、學業與正官七殺星及正印偏印及調侯星有很密切之關係（看官殺、印星）。

2、正官星為學歷星，若在命中為喜用，則學歷必高，如命中無正官星，七殺星亦可權用，如七殺星為用神且有力、學歷必高且學業成績優秀。

3、命局中正官星被合者（爭合），好玩對讀書沒興趣。

4、正財太旺或很貼近日主者，也較討厭讀書。

5、正官為用神而落空亡，學歷易因意外變化而受挫折中斷。

6、正官七殺過旺為忌神，對讀書易生厭惡，但如有印星轉化，反而喜歡讀書。

7、求學過程如走喜神用神運，讀書比較輕鬆。

8、正印星代表文書星，也代表知識來源，不論身強身弱，命中帶印星之人，較喜歡讀書、閱覽文集，如又透天干者，更喜歡讀書。如果以印為喜用更佳，學歷必不低，如命局無印者，想必知識來源不廣，較不喜歡讀書。

9、命帶貴神如文昌、學士、華蓋、六秀，且不落空亡或尅破者，易得高學歷。

第二節 論考試

考試可分升學考試與就業考試，以下是判斷考運之心得：

1、流年天干地支與本命四柱有合者，且合化成喜用神者，考試易成功。

2、逢正官之流年大運，且是喜神，則最易考上。

3、身弱走正官正印相生之流年大運，考試易考取。

4、大運雖不好，但流年好，考取之機會亦大。

5、大運好、流年不好，可考上學校，但學校或科系較不理想。

6、大運好、流年亦好，可順利考上理想學校與科系。

7、走喜神用神運勢，考試能順利，原局若用神又透天干，成績更佳。

8、身旺且正官又透天干而為喜用者，功課雖平平，考試確容易考上。

9、考試流年逢文昌貴人、八座、三台、將星等貴人時，也較容易考取。

10、男命走正偏財星大運，女性走官殺星歲運，容易因與異性交往而影響學業及考試。

第十四章　如何從命盤中看出這輩子的財運及投資運

人們常說：「人無橫財不富。」財是養命之源，每個人並非一輩子都能順利地賺錢、您這輩子會不會有錢或適合經商，或只能乖乖工作一輩子，也許我們能從八字得知，何時會有發財機會、何時會破財、該往哪方面去發展等等。

以命盤P22論財運及投資運大概都看食神、傷官星及財星之喜忌關係。

P22命盤範例

姓名	P22		性別	男
西元		1964 年		

日期	年	月	日	時
國曆	53	4	14	7
農曆	53	3	3	7
主星	傷官	正官	日元	正財
天干	甲木	戊土	癸水	丙火
地支	辰土	辰土	巳火	辰土
藏干	癸乙戊 水木土	癸乙戊 水木土	庚戊丙 金土火	癸乙戊 水木土
副星	比食正 肩神官	比食正 肩神官	正正正 印官財	比食正 肩神官
十二運星	養 1-16	養 17-32	胎 33-48	養 49-64
特星神煞	寡宿 伏吟	寡宿 伏吟	血刀 劫煞 天乙貴人 孤 日鸞貴	寡宿
歲 大運	8|17 己巳	18|27 庚午 28|37 辛未	38|47 壬申 48|57 癸酉	58|67 甲戌 68|77 乙亥 78|87 丙子

出生後7年2個月又4天交大運

星座：牡羊座
忌神：金水
喜用神：木火土
空亡：寅卯午未
血型：A
格局：從勢格
命宮：癸酉
胎元：己未
胎息：己未
天運五行：戊申 火

水 9
比肩 0 劫財 0
金 1
正印 0 偏印 0
木 13
食神 0 傷官 1
土 27
七殺 4 正官
火 10
正財 2 偏財 0

年	104(52歲)	101(49歲)	98(46歲)	95(43歲)	92(40歲)
干支	乙未 食神 七殺	壬辰 劫財 正官	己丑 七殺 正財	丙戌 正財 正官	癸未 比肩 七殺
神煞	太陰	太歲	福德	歲破	太陰
年	105(53歲)	102(50歲)	99(47歲)	96(44歲)	93(41歲)
干支	丙申 正財 正印	癸巳 比肩 正財	庚寅 正印 傷官	丁亥 偏財 劫財	甲申 傷官 正印
神煞	五鬼	太陽	天狗	龍德	五鬼
年	106(54歲)	103(51歲)	100(48歲)	97(45歲)	94(42歲)
干支	丁酉 偏財 偏印	甲午 傷官 偏財	辛卯 偏印 食神	戊子 正官 比肩	乙酉 食神 偏印
神煞	小耗	喪門	病符	白虎	小耗

第一節　一生中比較會有錢之八字條件特徵

1、以食神、傷官二星（食傷能生財）之賺錢本領較強，偏財其次，七殺再次之。

2、如食神為用神，賺的是正財，傷官為用神，賺的是偏財。

3、如食神為用神，有良好的表現很容易使錢財滾滾而入。

4、如傷官為用神，較會運用各種謀略管道來賺大錢。

5、命上正財、正官星俱現，財生官旺、官星不洩財，必富。

6、身強、財也旺時，命局上食神、傷官或官殺星可以生財必富。

7、身強、印旺，而財星（五行）得局，且食傷微弱者（藏干雜氣），可富。

8、身強、比肩劫財旺，無財星、印星，而有食傷星也可富。

9、身強、印旺、官星衰微，而財星（五行）得令亦可富。

10、身弱財旺，而無官星洩財氣、印星剋食傷，但有比劫星也主富。

11、喜神用神是財星，出現於日支、月干、時干為最佳，最有發財的機會。

12、年月柱干支見財星，又無刑沖者，可富，財星得月令（有氣）最佳。

13、八字內必須有偏財、傷官、食神、七殺全者，最具有發財條件。

14、八字內具有正財、正官，為也有發點發小財之機會。

15、八字具有正印、偏印、比肩、劫財同現者，發財機會較小

16、正財、偏財為喜用神者，一生較有發財機會。

17、正財、偏財與日干親密者，一生較有發財機會。

18、正財、偏財星帶天乙貴人或月德貴人者，較有貴人相助而發財。

19、正財與正官均與日干十分密切者，是很愛錢之人，容易把握賺錢機會。

第二節　一生中的財富哪裏來如何從八字看出

1、年柱爲忌神，年支、月支相沖，這種人較不易得祖產，適合外鄉發展爲宜。

2、年支及時支三合、六合，或六沖且均爲喜用，或合成喜用神，則出國遠離家鄉大發展。

3、年天干地支爲喜神用神，較易得到祖產機會或受長輩提攜而得財。

4、日支透出年干爲喜用神，易娶有錢老婆，嫁粧不少，會因結婚後而發財。

5、年、月兩柱皆忌神者，較無法得到祖蔭，長輩助力少，這輩子可能要白手起家。

6、身弱（印比加總16分以下）走比肩劫財運，可因合夥發財。

7、時柱爲忌神，而大運走好運，是可以投資的，最好與朋友合夥，但自己不要當負責人。

8、年干、月干均出現正財者，容易從他人手中或事業中獲得一筆大財富。

第三節　一生中的發財與破財時機如何從八字看出

1、流年大運逢歲破、破碎、大耗之年，很容易就破財。

2、若是身強之人，行比肩劫財運會破財，走正偏財運會有發財機會。

3、若是身弱走財運時可能會破財（過路財神），走正偏印運時可能會發財。

4、專旺格，逢財星流年大運時會大破財，若是從格之人，行從運能發財，若財星沖合日支，則會因妻而破財或因錢財生事。

5、若是從財格，行比劫運歲易破財，行財運可發財。

6、若是身強流年大運地支合化財局，可賺錢發財。

7、行忌神之大運、忌流年沖合時支，會因事業關係發生變化而破財。

8、若是身弱財星旺、比肩劫財為用、命歲運合成比劫局，則發大財。

反之是身強、財為喜用神、命歲運合成比肩劫財局，則會破財。

第四節　一生中比較會沒錢之八字條件特徵

1、八字命盤中財星少見或無力，或局上財星被剋，身上沒錢。

2、財星為用神，或財星生助用神，卻遭搶合，或破壞者，為錢奔波而無所得。

3、正偏財星為忌神，而用神為印星，又被財星近貼剋破者，主無財。

4、正財與正官都遠離日干或被沖破者，會是一個沒有錢財觀念的人。

5、比肩、劫財、正印、偏印與日干親臨之人，對錢財都不太重視。

6、官殺旺而取印星為用，而財星得局、財生官又剋印者，主貧困。

7、日主弱、財星重比肩劫財輕、食神傷官亦重者，亦主財來財去。

8、日主旺、財星輕、喜食神傷官，而正偏印又多者，亦主財不多。

9、七殺多現，則因受錢之約束，會對錢財較重視。

10、食神、傷官親臨日干者，則喜歡追求浪漫的格調以及花錢的樂趣，對於錢財並不很看重。

第五節　以命局中之喜用神在四柱中之情況論財富

以命盤P22論財富狀況可以看喜用神在哪一柱來論，甲木（傷官在年柱）、丙火（正財在時柱）、巳火（正財在日柱）、辰土（正官在年、月、時柱）請看以下各柱解釋

1、用神爲比肩劫財：

◎在年柱：少年時期生活困苦，可能出生於清寒家庭，青年後，因本身之辛勤努力，當可彌補先天財運之不足，並可稍微擁有積蓄，但生活不宜奢侈、浪費。

◎在月柱：內心追求財富慾望很強烈，但缺乏技巧及方法，以致很難如心意，即使得財，往往因手足或朋友關係而將財務耗損，財運不佳，難脫貧困。

◎在日柱：缺乏理財的觀念，看來配偶會有愛花錢的習慣，常有入不敷出之窘境，故應斟酌收入情況養成儲蓄習慣，或能投資不動產，以備中年後之不時之需。

◎在時柱：一生常爲錢財所困擾，往往辛苦努力，但所得及收穫卻不大，宜規劃後再行動。

2、用神爲食神傷官：

◎在年柱：年輕時即可發財致富，在少年時易少年得志，但在中年之後恐有走下坡之勢，且會逐漸陷入缺錢之困境，所以應未雨綢繆，年輕時多存點錢，或投資不動產，以備晚年不時之需。

◎在月柱：由於收入不錯，對生活品質很享受，所以相對支出亦大，可稱為「過路財神」，如流年歲運逢財星時可發財。

◎在日柱：在步入中年之後，財運相對旺盛，但容易因財多而招妒喔。

◎在時柱：一生財運佳、眼光好，具有商業頭腦，也懂得節約為美德，流年運忌逢「印星」來沖，可能會阻斷財源，更會有虛擲浪費之事。

3、用神為正財偏財星：

◎在年柱：可能生於富有家庭，少年時期衣食不虞匱乏，且成人後可得父母財產或相助，可享豐裕之生活，但忌比劫、印星之歲運來壞財。

◎在月柱：一生大概不愁衣食，可以過著富裕的物質生活，一生擅於理財及懂得賺錢之道。

◎在日柱：配偶可能出於豪門之家，在金援方面助益較大，但忌流年大運比肩、劫財、印星來耗財，導致失財情況。

◎ 在時柱：壯年之後財運旺盛，如歲運走食傷運之助，更能獲意外財富也。

4、**用神爲正官七殺：**

◎ 在年柱：有可能出生於公務員（官職）之家，一生注重名譽，賺錢之機會也多。

◎ 在月柱：一生重名譽，比較淡泊財利，並不會汲汲營營想賺錢，流年大運如逢印星，會更爲顯著。逢食神、傷官，則反爲金錢所誘，重視錢財。

◎ 在日柱：有不錯之偏財運，工作順遂，但最忌揮霍無度而成一場空。

◎ 在時柱：壯年之後財運步入佳境，累積錢財，喜歲運逢財，更增財利。

5、**用神爲正印偏印星：**

◎ 在年柱：先天財運較差，雖很辛勤工作但收入中等，應屬清寒家庭出身，先天上父母親助力不多。

◎ 在月柱：財運不是很好，要時常設法節約及儲蓄，以免支出過多而陷困境，忌流年大運行食神、傷官運，有破財之虞。

◎ 在日柱：收入可能不豐宜勤儉，避免不必要之浪費，如大運流年逢正官、七殺，就有獲得改善機運。

◎ 在時柱：在此看來財運實在不佳、宜開源節流，到晚年方可儲蓄而得財。

第十五章

如何從八字中看出這輩子的「大運狀況」

P23 命盤範例

五行	十神	數
水 11	比肩 / 劫財	1 / 0
木 0	食神 / 傷官	0 / 0
金 24	正印 / 偏印	2 / 1
火 10	正財 / 偏財	1 / 1
土 15	正官 / 七殺	2 / 0

姓名	P23	性別	女
西元	1961 年		

日期	時	日	月	年
國曆	18	17	8	50
農曆	18	7	7	50
主星	正官	日元	偏財	正印
天干	己土	壬水	丙火（合）	辛金
地支	酉金	午火	申金	丑土
藏干	辛金	己丁（土火）	戊壬庚（土水金）	辛癸己（金水土）
副星	正印	正官 正財	七殺 比肩 偏印	正印 劫財 正官
十二運星	沐浴 49-64	胎 33-48	長生 17-32	衰 1-16
特星神煞	沐浴 血刃 白虎 金匱	將星 飛刃 月德 桃花 貴人	學堂 元辰 龍德 天喜 ／ 孤辰 陽角 驛馬	金輿

（剋　害　半三合）

星座：獅子座
空亡：辰巳申酉
忌神：水金
用神：木火
喜神：木火
血型：A型
格局：偏印格
命宮：庚子
胎元：丁亥
胎息：丁未
天運五行：土

出生後7年1個月又27天交大運

歲	78–87	68–77	58–67	48–57	38–47	28–37	18–27	8–17
大運	甲辰	癸卯	壬寅	辛丑	庚子	己亥	戊戌	丁酉

年	104(55歲)	101(52歲)	98(49歲)	95(46歲)	92(43歲)
干支	乙 傷官 / 未 正官	壬 比肩 / 辰 七殺	己 正官 / 丑 正財	丙 偏財 / 戌 七殺	癸 劫財 / 未 正官
神煞	歲破	太陰	太歲	福德	歲破

年	105(56歲)	102(53歲)	99(50歲)	96(47歲)	93(44歲)
干支	丙 偏財 / 申 偏印	癸 劫財 / 巳 偏財	庚 偏印 / 寅 食神	丁 正財 / 亥 比肩	甲 食神 / 申 偏印
神煞	龍德	五鬼	太陽	天狗	龍德

年	106(57歲)	103(54歲)	100(51歲)	97(48歲)	94(45歲)
干支	丁 正財 / 酉 正印	甲 食神 / 午 正財	辛 正印 / 卯 傷官	戊 七殺 / 子 劫財	乙 傷官 / 酉 正印
神煞	白虎	小耗	喪門	病符	白虎

每一個大運有十年的光陰，天干管上五年、地支管下五年，但在看大運吉凶時，以所管的權轄十年中天干佔40％的重要性，另外佔地支佔60％的重要性。

批八字、大運原則上是要看那一「大運」，就直接看那一「大運」的天干地支，再看天干所代表的十神是什麼，且該天干五行是喜用神或是忌神、如果是喜用神就請對照下列該十神之優點，如果是忌神請看該十神之缺點，也等於該大運期間會發生之現象會如同該十神所敘述情況，解釋好時請把握，解釋不好時請預防。

第一節 要斷某大運吉凶時，請直接看命盤之大運干支

1、大運天干地支為喜用神者，主該運期為吉，一切均安。

2、大運為忌神者，主該運期為凶，小心行事為宜。

3、大運非為喜用神或忌神時，主該運期為平平，最好須配合流年運來推論。

3、大運天干地支為一喜一忌時，該大運論吉凶參半（須參酌命盤有無合化……等）。

4、大運沖年柱：表示會離家出外或與父祖輩緣薄或別離，與父母或長輩意見較不合，有時又會爭吵。

大運沖月柱：表示環境可能會有所變動或職位異動，青年期生活起伏大，情緒靜不下來，與家人易有爭執。

大運沖日柱：表示會有家庭不和諧的現象，夫妻易爭吵、鬧意見或分離，配偶健康差或本人健康運勢也較差。

大運沖時柱：表示子女可能遠行在外，難得在身旁，與子女聚少離多，子女身體狀況較差，也主該大運不佳。

5、大運天干地支來沖剋命局中忌神，為藥去病，以吉運來論。

6、大運來合化命局中忌神，或合化為喜用神，代表該運會反凶為吉。

7、大運來沖剋命局用神，大致會有反吉為凶，須留意。

8、被大運干支所刑剋沖害之柱，該柱所代表六親事物，或該干支之十神，必會被破壞而應驗凶災或疾難或破財。

9、大運落空亡時，行喜神用神運，變平常或減吉。行忌神運，可減凶運之力量，仍以凶論，宜防破敗。

10、何謂大運之「截腳運」，就是大運地支剋天干。如喜水運：遇壬午大運、天干五行被地支五行截腳破壞，這樣對本大運會有扣分。

11、大運一般喜行長生、臨官、帝旺之運，做事較積極也容易有發達的運勢。忌行衰、病、死、墓、絕之運，易逢破敗、災疾、困逆之事連連。

行沐浴運，易犯桃花酒色之事。

行冠帶、胎、養之運，主平安快樂。

12、大運干支與命局四柱其一之干支形成天剋地沖，該運必多凶險、破敗、破財。

第二節　以該大運走之干或支各代表是哪個十神會有什麼現象

該大運走比肩、劫財時：

走比肩、劫財運時所發生之事情大多會與妻子、父親、兄弟姊妹、同儕朋友間的關係，以及本身之思想、決策、言行有關，如何計劃、會賺錢否或會破財否等方面有關。

◎ **比肩的特性如為喜神請看優點，如為忌神請看缺點：**

優點：本大運中帶有獨立自主、重視朋友的個性，有分享性，想到就做，心胸大、較不貪心，有個性，花錢阿沙力，替朋友出面且堅持己見，個性剛健、獨立心旺盛，較自我主張的特性。易得兄弟、朋友之幫助，較有佔有慾，也有開創事業之雄心，財運亨通，合夥事業會有成功的機會。

缺點：本大運中帶有自尊心強、不容許他人侵犯，易被激怒，易發生對長上無禮、破財之事、合夥失利、錯誤叢生、衝動、心情煩躁、爲人海派、較不思索。易受朋

◎ **劫財的特性如為喜神請看優點，如為忌神請看缺點：**

優點：本大運中帶有獨立自主、心胸大主動性、不重視慾望、重朋友的特性，意志堅強、剛毅穩健、活力充沛，易得兄弟、朋友、同業之助，運勢佳、凡事水到渠成，有擴充事業之念頭、野心。

缺點：本大運中帶有自尊心強、不可被侵犯、沒耐心易被激怒、魯莽無計劃性、常有投機心態、易破財、易衝動、心急切晃神、不把事情放心上、不重視財物、想到什麼就做什麼、為人海派、和朋友共享財物、替朋友出面，一生中損財連連的特性。合夥易失利，易遭手足、朋友、同業之拖累或小人之陷害或侵犯他人，夫妻易因錢財糾紛或合夥事業理念不同易拆夥，事業不順遂，易與朋友、兄弟發生衝突，容易因判斷錯誤而損失。

該大運走食神、傷官時：

友、兄弟牽累，或為兄弟、朋友之事煩惱，男人與配偶容易發生衝突或配偶易生病，或婚姻不順，或影響父親健康與運氣，容易樹敵抱怨、徒勞無功，易與朋友發生口舌、衝突、誤會等等。

走食傷運所發生之事情大都屬於內心才華方面、計劃、理想抱負、文藝、技術方面有關，跟子女、學生、部屬、性慾、訴訟、婚姻、田宅、名譽等有關。

◎ **食神的特性如為喜神請看優點，如為忌神請看缺點：**

優點：本大運中帶有斯文、友善、有氣質、聰明才智較能發揮、歡喜心、主動、溝通、計劃、心思細膩、有經營理念、有足夠動能、有賺錢的能力的特性、凡事能按條理走、較有口福且口感特好。對事務之企劃、設計及文藝等能有較高之效率，男女皆易有感情事，個性變得溫和、心胸開闊，較具同情心、施捨心，有計劃、喜創新，較易得部屬或子女之協助。

缺點：本大運中帶有率直、隨便、會自我推銷、容易感情用事、無心機、不服輸、太直率、好奇心重、好幻想、濫同情、不夠細心、口無遮攔、易鑽牛角尖、身體容易疲勞。易有感情問題、理想多而實現少、女亦不利丈夫之運氣與健康、易有感情糾紛或失戀、口舌是非及爭執多、煩憂、有志難伸、名譽也易受損或受傷害。

◎ **傷官的特性如為喜神請看優點，如為忌神請看缺點：**

優點：本大運中帶有聰明好動、有想像力、志氣遠大、創意多、新鮮感增加、有自信、

理解力佳、善交際、有主見、創新、敏感、具高度觀察分析能力、反應快、多樣性、易溝通。思路清晰、易出好點子、能有突出創作或發明、名望升高、會較傲氣、喜歡說話、幽默增加、很有同情心、易得部屬幫助。

缺點：本大運中帶有愛面子、驕傲、自滿、自我主張、易有官非甚或刑訟坐牢、易有感情因素而產生糾紛，較會自我推銷、言詞犀利，喜自我主張且不易妥協、重名聲、愛慕虛榮、好勝心強、善變、猜疑的特性，重感情、過分感情用事，女人容易對丈夫不滿，男人對事業工作不滿意，易以不正當手段求財而惹官非，任性、身邊多小人是非、說話傷人、得罪他人、易受子女或部屬之連累、或為部屬或子女事而煩憂等等。

◎ **正財的特性如為喜神請看優點，如為忌神請看缺點：**

優點：本大運中帶有愛玩、愛熱鬧、有異性緣也很有賺錢機會、做事穩重、重視享受、衣物、田宅、財產、貸款、物質慾等有關。

該大運走正財、偏財時：

走財星運所發生事情大都與工作、商業、交易、買賣、金錢、父親、妻子、婚姻、物質

293

缺點：本大運中帶有放不開、在乎自己、想富裕會為財所困、可能會因財而生災、易惹禍上身、閒不住、缺乏恆心、想支配一切、較現實、重利益、只管自己、不易滿足、物慾重開銷大、易有意外破財或金錢糾紛、母親健康或運氣受影響、或為財辛苦奔波、不小心會破財事業失敗、在商場上交易不順、易損失財產。

未來、賺錢機會多、工作較穩定、重視家庭生活、好溝通的特性。男命喜成熟的女人、菩薩心腸，自己有時也希望旁邊的人擁有。財運好，未成家者易有戀愛，但心性上財源上穩定、事業多利、喜歡掌握、想擁有、有企劃能力、重視未來，但心性上會較現實、功利心重、慾望較高，易購置不動產。

◎偏財的特性如為喜神請看優點，如為忌神請看缺點：

優點：本大運中帶有好動、對金錢不重視、很大方、不貪財、放得開、人緣佳、有行動力、不重利、不現實、正常上班者也易多方面投資、錢來的快去的也快、善理財、賺錢比人快、流失也快的特性。本大運財運好、賺錢機會多、男性女生緣佳、未成家者易有戀愛、財源上較穩定、事業運不錯、能勤儉持家、現實、功利心重、重視享受、慾望較高、易購置財產。

缺點：本命中帶有不重視錢財、不在乎、不執著、好動、不怕財物受損、感情不專常有困擾、喜歡把一生當成賭注、男人喜歡看妹妹、交際手腕好、心中常抱大事業夢想也喜歡投機性工作的特性。一生開銷大、不知節制、易有意外破耗或財務糾紛、妻子健康或母親健康或運氣受影響、沒耐心、會因財而生災，甚至惹禍上身，或爲財愁苦、商場交易不順心，易損失財產，男性也易因女性破財宜小心。

該大運走正官、七殺時：

走官殺運所發生事情大都與權利、職位、名譽、工作、壓力、上司、子女、官司、小人、女性之丈夫與情人等有關。

◎正官的特性如爲喜神請看優點，如爲忌神請看缺點：

優點：本大運中帶有注重名聲、爲人忠心、順從、有理性、誠實、重聲望、守法、有責任感、守成、遵守禮法、重視地位、頭腦好、工作事業穩定、有光明正大的心態、理性守信守法、會有好名氣，是人人心中的好朋友，在職位或官位上較易高升、考試較易上榜、官訟較易勝訴、易得長官提拔、未婚女性較易有戀愛及婚嫁緣。

缺點：本大運中帶有不積極、不易有功名、為人愛面子、無魄力優柔寡斷、發展受阻、要求多、是非多、或會有名譽上之毀損、降職、失職、與上司不合、考試落榜、求職不順遂、受上司之責備、連累等。女性易失戀或婚姻不順等煩惱與困擾。

◎七殺的特性如為喜神請看優點，如為忌神請看缺點：

優點：本大運中帶有很積極、有責任感、有個人領導風格，但常以較突然之方式出現、表現亦較強勢、萬丈雄心、充滿毅力與勇氣，在事業、權利、升遷等方面，大都經過努力奮鬥與競爭而達成。

缺點：本大運中帶有容易自責、易被毀謗、被壓迫、心情鬱悶會想不開、不服輸、易緊張、不被信任、具破壞性、強權、做事強勢、具傷害性、猜疑、會與朋友對峙不歡而散、生活有壓力、有著為人不是懦夫的特性。易遭意外刑傷、開銷大錢財耗損、外力競爭激烈、行事較衝動容易演變成作奸犯科、與人發生爭執、事業易失敗、易週轉失靈、女性易有失戀或婚姻上煩惱。

該大運走正印、偏印時：

走印星運所發生之事情大多與外在之「貴人」、心理層面「宗教」、學習、求知慾、文

書、契約、母親、長輩、老師、信用等。

◎ **正印的特性如爲喜神請看優點，如爲忌神請看缺點：**

優點：本大運中帶有權力象徵、好名聲、有智慧、有貴人、被尊重、慈悲心、慈祥、寬厚、易滿足、信任、穩重、對宗教投入、有修養、待人親切、包容心但喜掌權、易得父母長輩及貴人之助力、生活事業或學業安定平順、名望提升、對宗教感興趣，呈現無私、寬大、慈愛之心性，易有創業現象、職位穩定。

缺點：本大運中帶有好管閒事、多勞碌、不適合開創性的工作及心軟以及母親疏於照顧，自己的特性像「哲學家、文藝家」，母親身體及運氣較差，自己考試、謀職皆較不順而多波折，名聲受損，事業、職位不安定容易發生因判斷錯誤而受害，或受騙之事，或破財、敗業，女命較易發生與子女之間多煩、多憂之現象。

◎ **偏印的特性如爲喜神請看優點，如爲忌神請看缺點：**

優點：本大運中帶有教育我，會安慰人家、點子多、反應快、較沒意見的特性，容易獲得長輩或貴人之協助，事業較安定，文筆流利、學業平順、願望順遂、事事亨通、副業易有成就，易接近宗教或文學，但會較孤獨，喜歡靜靜思考，可多利用

創造力開發新業務、新產品以生財。

缺點：本大運中帶有愛插嘴雞婆、容易刺激人家、同情心少、孤僻、不喜煩雜、抽象化、行事被動、粗心大意、較孤獨、欠缺熱情、喜怒不流露在外、較不易贊同別人的想法的特性，不易得長輩上司之助益，又易與長輩與顧客發生誤會，工作、事業，甚至財務皆不順遂，易有損失，易蒙不白之冤、事事多阻滯、有志難伸、孤立無援、女命較易為子女之事傷神。

以命盤P23看該員之大運走38～47歲，大運天支為庚子，庚金為忌神，子水也是忌神，所以查看十神吉凶時就要看缺點部分，庚金之十神為偏印，子水之十神為劫財，那就請看偏印與劫財的缺點部分就是在這十年大運裏比較會發生的現象，好的請保持，壞的請事先預防。

第十六章

如何看出來這輩子中喜年運勢
如何

所謂流年，就是從八字中看出每一年的運勢現象，雖是稱流年但也要參看大運干支，有

一些老師認為大運比流年重要，以大運為主、流年為輔。但又有老師持相反意見，認為流年比大運重要，照本人經驗，認為流年、大運各佔一半才公平，因為有些命造大運雖非喜用運，但只因流年逢喜用，往往在那一兩年間即發展不錯賺大錢。

推論流年之吉凶時，必須將流年、大運、命局四柱干支，三者合起來看，查其間之喜、忌、生、剋、沖、合、刑、害等，以推論此年之吉凶。

P24命盤範例

五行分佈圖

方位	類別	數
水 17	比肩 / 劫財	1 / 2
金 18	正印 / 偏印	0 / 3
木 8	食神 / 傷官	0 / 0
火 2	偏財 / 正財	0 / 0
土 15	七殺 / 正官	1 / 1

出生後2年7個月又1天交大運

星座：金牛座
血型：A
空亡：寅卯 申酉
喜用神：木火
忌神：水金
格局：正官格
命宮：辛卯
胎元：癸未
胎息：癸未
天運五行：戊午

命盤

姓名	P24			性別	女
西元	1971 年				

日期	時	日	月	年
國曆	18	28	4	60
農曆	18	4	4	60
主星	偏印	日元	劫財	偏印
天干	辛金	癸水	壬水	辛金
地支	酉金	未土	辰土	亥水
藏干	辛	乙丁己	癸乙戊	甲壬
副星	偏印	食神 偏財 七殺	比肩 食神 正官	傷官 劫財
十二運星	病	墓	養	帝旺
歲	49-64	33-48	17-32	1-16
星神煞歲	隔角 災煞 天狗 十靈日	華蓋 飛刃 白虎 寡宿	寡宿 月德 天德 貴人 魁罡	紅豔 流霞

合 辰未 半三合

年	104 (45歲)	101 (42歲)	98 (39歲)	95 (36歲)	92 (33歲)
干支	乙未	壬辰	己丑	丙戌	癸未
神煞	食神 七殺 白虎	劫財 正官 小耗	七殺 正官 喪門	正財 正官 病符	比肩 七殺 白虎
年	105 (46歲)	102 (43歲)	99 (40歲)	96 (37歲)	93 (34歲)
干支	丙申	癸巳	庚寅	丁亥	甲申
神煞	正財 正印 福德	比肩 正財 歲破	正印 傷官 太陰	偏財 正官 太歲	傷官 正印 福德
年	106 (47歲)	103 (44歲)	100 (41歲)	97 (38歲)	94 (35歲)
干支	丁酉	甲午	辛卯	戊子	乙酉
神煞	偏財 偏印 天狗	傷官 偏財 龍德	正官 食神 五鬼	正官 比肩 太陽	食神 偏印 天狗

大運

73-82	63-72	53-62	43-52	33-42	23-32	13-22	3-12
庚子	己亥	戊戌	丁酉	丙申	乙未	甲午	癸巳

流年診斷原則與重點

以流年天干地支與大運天干地支及四柱任何一柱形成刑沖或合害之現象，則該柱所主之十神及六親等事項，就會依喜忌產生吉凶，所以在分析流年運時就從人、事、物方面去探討及解釋或該注意事項。

以下為診斷流年時必須考慮的一些重要條件與依據：

1、流年走喜神用神者，該年則主吉，一切都比較順利。

2、流年走忌神者，該年則主凶，一切都比較不順心如意。

3、流年天干地支一喜一忌。論吉凶參半。

4、流年與大運並臨（如甲年逢甲運），吉凶之力加倍，吉年更吉、凶年增凶。

5、流年逢「伏吟」、「返吟」為大凶，一切都比較不那麼順利。

6、流年天干沖剋日干，如為官殺之年，宜防災禍官訟，尤其身弱者須加留意。

7、日干沖剋流年天干，如為財星之年，若命局行喜用神，其年有進財機會。

若身弱財旺，反主破財消災。

8、命、運（大運）、歲（流年）三者形成三刑，其年多凶，一切都比較不那麼順利。

9、命、運、歲三者形成刑沖皆見，亦主變動，一切都比較不那麼順利，其年多凶。

10、命、運、歲三者干支多合，主事多延遲被合住、或易發生感情糾紛，或外遇，或犯桃花，或犯小人。若為喜用神，則表示暗中有貴人相助。

11、合煞，即流年干支與日柱干支、天地合（如甲子日逢己丑年），主閉氣阻塞。

12、流年、大運兩者形成天干同、地支沖（如甲申年逢甲寅運），吉或凶依據喜忌狀況而論，但必主變動、搬家、出國、出遠門、職位調動。

13、流年、大運兩者形成天剋地沖（如乙丑運逢己未年），其年多凶多變，流年若為忌神更驗，凡事操煩不順利。

14、流年來沖剋命局忌神稱為「藥」去病，該流年以吉論，有貴人相助。

15、流年來沖剋命局用神，該流年以凶論。

16、流年來合住命局忌神，或合化為喜用神，反凶為吉，該流年以吉論。

17、流年來合住命局用神，或合化為忌神，反吉為凶，該流年以凶論。

19、命局以食神、傷官為用神時，忌流年、大運走正官、七殺。犯之主官司、吵架、口

舌、破財、意外災禍。

命局以官殺為用神，忌流年、大運走食傷。犯之主官司、吵架、口舌、破財、意外災禍。

20、流年為喜用神，被命局某字沖、剋或合住，本來吉而變平平。

21、流年為忌神，被命局某字沖、剋或合住，則會減其凶力。

22、流年落空亡，吉者減吉，凶者減凶。

23、喜用神所在之柱，逢流年、大運沖剋屬不吉，一切都比較不那麼順利。

24、日干合流年天干，或流年天干合日主天干皆以不吉論，代表有志難伸，會有感情困擾，或會身有疾病，或被拖累破財，或犯官非訴訟。

以命盤P24看該員95年走丙戌「正財、正官」，丙戌都為命盤中喜用神，所以在95年應該會有不錯的運勢，也請查閱大運十神中的「正財、正官」的優點解釋，好的請保持，壞的請事先預防，除了十神吉凶外尚需考慮流年干支與大運干支及本命四柱所產生的刑沖合害等因素，才能準確論斷該流年吉凶。

請查上一單元大運十神解釋

◎ **正財的特性如爲喜神請看優點，如爲忌神請看缺點：**

優點：本年中帶有愛玩、愛熱鬧、有異性緣也很有賺錢機會、做事固定、規劃未來願景、賺錢機會多、工作較穩定、較有家庭責任、容易溝通的特性。菩薩心腸、自己所擁有的，也希望旁邊的人擁有。財運好、男子未成家者易有戀愛、財源穩定、事業多利、喜歡掌握、想擁有、有企劃能力、重視未來，但心性上會較現實、功利心重、慾望較高、易購置不動產。

◎ **正官的特性如爲喜神請看優點，如爲忌神請看缺點：**

優點：本年中帶有重名聲、爲人忠心、順從、有理性、誠實、重聲望、守法、有責任感、守成、遵循禮法、重地位、頭腦好、工作事業穩定、有光明正大的心態、理性守信守法、會有好名氣、是人人心中的好朋友、在職位或官位上較易高升、考試較易上榜、官訟較易勝訴、易得長官提拔、未婚女性較易有戀愛及婚嫁緣。

以命盤P24看該員96年走丁亥「偏財、劫財」，丁爲命盤中喜用神，所以在96年上半年應

304

該會有不錯的運勢，但亥為命盤中忌神，所以在96年下半年運勢就不是很好，同時請查閱大運十神中的「偏財、劫財」的優點及缺點解釋，好的請保持，壞的請事先預防，除了十神吉凶外尚需考慮流年干支與大運干支及本命四柱所產生的刑沖合害等因素，才能準確論斷該流年吉凶。

請查上一單元大運十神解釋

◎ **偏財的特性如為喜神請看優點，如為忌神請看缺點：**

優點：本年中帶有好動、不看重錢財、花錢不心疼、不貪財、放得開、人緣佳、有行動力、不重利、不現實、正常上班者也易多方面投資、錢來的快去的也快、善理財、賺錢比人快、流失也快的特性。本大運財運好、賺錢機會多、男性女性緣佳、未成家者易有戀愛、財源上較穩定、事業運不錯、能勤儉持家、現實、功利心重、重視享受、慾望較高、易購置財產。

◎ **劫財的特性如為喜神請看優點，如為忌神請看缺點：**

缺點：本年中帶有自尊心強、不可被侵犯、易被激怒、魯莽無計劃性、有投機心態、易

第十六章　如何看出來這輩子中每年運勢如何

破財、易衝動、心急切、不把事情放心上、不重視財物、想到什麼就做什麼、為人海派、和朋友共享財物、替朋友出面、一生中損財連連的特性。合夥易失利，易遭手足、朋友、同業之拖累或小人之陷害或侵犯他人，夫妻易生糾紛或合夥事業易拆夥、事業不順，易與朋友、兄弟發生衝突，容易因判斷錯誤而損失。

第十七章　如何從命盤看出來何時會有官非訴訟

如果您常常東家長、西家短，就有可能會惹上官訟是非，有些人一生官非不斷，又有些人也會無緣無故被牽連官非，以現今社會有太多事情無緣無故就會惹出一大堆不在預料中之事、八字之官非看法，大體可從八字看出，以下之八字條件比較會有官非訴訟，請多注意。

1、八字命帶隔角者（神煞），男命、女命常有口角官訟或牢獄之災。

2、流年十二宮神煞，流年逢五鬼、官符之流年，該注意官非訴訟。

3、傷官星逢正官、七殺星沖剋之流年，因言行而生官非訴訟。

4、身弱，正官、七殺旺之人、一生較易惹官非，如再行官殺運時，須特別留意官非。

5、流年、大運與原局有刑有沖並見，讓全局不安不穩者，該注意官非刑傷。

6、偏印逢沖之流年，也該注意官非訴訟。

7、正官、七殺星逢食神、傷官星沖犯之流年，也會有官非訴訟發生。

8、身弱，正官、七殺旺（16分以上），逢正偏財之大運與流年，該注意官非訴訟。

9、用神正官、七殺逢傷官之大運或流年，該注意官非訴訟。

10、命帶隔角之柱，逢沖動之流年，該注意官非訴訟。

11、原局有傷官見正官（為禍百端），流年又見傷官來剋正官，表該年是非特別多。

308

13、正官、七殺混雜，行財運時，有可能破財又會犯官司，身弱者更可能犯之。

12、身強以正官、七殺為用神，遭傷官流年來沖破者，也要特別注意官非訴訟。

第十八章

如何從命盤中看出來何時會犯意外血光

我們常聽說：「花無百日紅、人無千日好。」可見能一生不逢意外血光者實在不多，但是有些人身體硬朗，有些人渾身是病、提不起勁，然而八字學卻可從出生之年、月、日時來診斷此人一生之健康狀況，甚至何時會有什麼病或需開刀手術，以下就比較會有意外血光之條件簡述：

1、八字中命帶流霞、羊刃、血刃等凶煞多者，較易流血開刀之災。

2、比肩劫財太旺，又無食神傷官洩氣者，也容易受傷。

3、命局四柱中有「巳酉丑申」全，因有「兩個金」或四柱帶有二字或三字，大運流年走到時，表該年運較易犯血光、開刀等血光之災。

4、身強流年逢羊刃之年，容易發生口角、衝突而使身體受傷。

5、流年與原局合出變成忌神時，也可能見紅喔。

6、反吟、伏吟及忌神之流年大運並臨時，也可能見血光。

7、八字天干地支同出現有傷官、七殺、羊刃，比較容易傷殘。

8、八字食神過旺，或傷官旺，身上易受傷留下傷痕。

9、流年走傷官運，本命局又有傷官見官為禍百端，表該流年不順心之事特別多。

10、原命盤中金木五行過多，又不見水星來通關，也易見血光或生大病。

11、歲運與原局有下列情況之一者，主該歲運有凶災之兆，易見血光。

(1)三干剋一干、一干剋三干。

(2)三支沖一支、一支刑三支。

(3)四支合一支、四干合一干。

12、原命盤地支有二支或三支沖一支，流年再跟它對沖者，易見血光。

13、流年與日支成反吟並透年天干，也易遭遇車禍、開刀之厄。

14、原命盤逢大運流年雙沖，亦易遭遇車禍，也會有流血之災。

15、身強逢羊刃之流年或沖羊刃之流年，易見車禍或血光。

16、日柱天干地支同時受沖剋，易見血光、易傷殘或小兒麻痺。

17、年柱日柱同時空亡時，表示有先天性殘疾。

18、日主坐長生，沖破長生之年，恐有傷或殘，有意外發生。

19、流年與日柱反吟、伏吟，亦易有車禍，容易有流血事件。

20、原命盤五行偏少或偏多，逢流年大運沖剋，亦容易發生凶禍，易見血光。

21、壬水年剋丙午日生之人，恐有雙眼受損傷或失明之虞。

22、命局傷官為忌神，又行傷官流年大運時，易見血光，必會傷身。

23、命局身旺、有羊刃，逢沖剋太歲，會有難以預防之災，或容易受傷有血光。

24、喜神用神遭沖剋，易有受傷、車禍、流血之事發生，尤其流年大運同時又出現沖剋用神之五行，該年主有疾病或傷害發生。

第十九章　該如何避掉流年12宮神煞的影響力呢？

木 20　比肩 2　劫財 1
水 11　正印 0　偏印 2
火 17　食神 1　傷官 1
金 0　七殺 0　正官 0
土 12　正財 0　偏財 1

姓名	P25			性別	女
西元		1962	年		

日期	年	月	日	時
國曆	51	7	5	21
農曆	51	6	4	21
日期	年	月	日	時
主星	偏印	食神	日元	劫財
天干	壬(水)	丙(火)	甲(木)	乙(木)
地支	寅(木)	午(火)	辰(土)	亥(水)
藏干	戊丙甲(土火木)	己丁(土火)	癸乙戊(水木土)	甲壬(木水)
副星	偏財 食神 比肩	正財 傷官	正印 劫財 偏財	比肩 偏印
十二運星	臨官 1-16	死 17-32	衰 33-48	長生 49-64
特星神煞	驛馬 天德合	紅艷 月德 五鬼 金匱 貴人 隔角 血刃	天乙貴人 劫煞 福星 金輿	學堂貴人 亡神

天干：壬←剋→丙
地支：寅←午半三合→午

星座：巨蟹座
血型：AB
格局：傷官格
命宮：辛亥
胎元：丁酉
胎息：己酉
天運五行：金

忌神：土金
喜用神：木水
空亡：辰巳寅卯

出生後9個月又12天交大運

大運

歲	10 - 19	20 - 29	30 - 39	40 - 49	50 - 59	60 - 69	70 - 79	80 - 89
大運	乙巳	甲辰	癸卯	壬寅	辛丑	庚子	己亥	戊戌

流年

年	104 (54歲)	101 (51歲)	98 (48歲)	95 (45歲)	92 (42歲)
干支	乙未 劫財 正財	壬辰 偏印 偏財	己丑 正財 正財	丙戌 食神 偏財	癸未 正印 正財
神煞	小耗	喪門	(病符)	(白虎)	小耗
年	105 (55歲)	102 (52歲)	99 (49歲)	96 (46歲)	93 (43歲)
干支	丙申 食神 七殺	癸巳 正印 食神	庚寅 七殺 比肩	丁亥 傷官 比肩	甲申 比肩 七殺
神煞	歲破	太陰	(太歲)	(福德)	歲破
年	106 (56歲)	103 (53歲)	100 (50歲)	97 (47歲)	94 (44歲)
干支	丁酉 傷官 正官	甲午 比肩 傷官	辛卯 正官 劫財	戊子 偏財 正印	乙酉 劫財 正官
神煞	龍德	五鬼	太陽	(天狗)	龍德

316

十二歲建神煞是跟著每個人、每年在變，總共有十二神煞，十二年輪一次，有一些人命格不佳又碰到凶神時，該員該年就很不順利，以下是各十二神煞走到時會發生的一些現象，請參考之。

●太歲…太歲當頭坐、無福便有禍，防車關、刀傷、金屬之傷，小人容易近身，宜安奉太歲祈安自吉，外出遠行盡量避免。

【宜…安奉太歲星君保平安】

●太陽…太陽高照，貴人扶持，休管閒事控制脾氣，以免口舌是非破財、莫爭口舌之非，孕婦忌爬高、小孩易跌倒，防夫妻不睦遠行有財利。

【宜…祈福土地公、太陽星君】

●喪門…喪門入宮來，探病不宜、並忌喪事、犯喪孝、探病帶災、防小人設計、心情浮沈不安、事事要小心、以免發生意外、要防平地掀起千層浪、凶多吉少要注意。

【宜…祈福三官大帝、觀音大士】

●太陰…宜防酒色破財，忌代印作保、易生事煩憂、風波、需防暗中小人陷害、受連

累、女士則較能平安順利、但宜防身體欠安。

【宜…祈福太陰星君】

● 五鬼…五鬼入宮，易無故生煩悶事莫管、易官訟、破財、小人近身，此年中以制五鬼官符，逢凶化吉，不然多事端破財、合夥事業不利，常有口舌、官非之災，防劫財暗害，有利考運。

【宜…祈福文昌帝君、玄天上帝】

● 小耗…會為小事破財、不利與人合夥生意、防盜賊偷竊財物損失、勿探病或見大體，但因有月德貴人扶持，多積善果可逢凶化吉。

【宜…祈福天上聖母、財神爺】

● 歲破…歲破即沖太歲，諸事不利、謀事不遂、心神不定、貪急功近利、外出遠行宜避免、凡事忍耐、守分守己、自可無憂，忌動土，如完婚易破緣、大耗、災煞，有大破財之象或意外事生（女性尤忌歲破之年）。

【宜…安奉太歲君、祈福三寶佛】

● 龍德…忌獨斷獨行，親人失和，但因紫微入宮貴人高照、喜事重重、貴人提拔、遠行

有財利可得、生意興隆、財利大好、一切事事如意。

【宜…祈福紫微君】

●白虎…忌車關、防小人暗害，白虎入宮易傷人，喜、喪事盡量避免、血光災病、外傷生痛、孝服或其他不測凶事，女人有喜則吉、無喜則憂，宜防朋友失信、倒會或借錢不還。

【宜…祈福南斗星君】

●福德…福德入歲運，萬事吉祥、忌口舌是非，惹官司，如有所求事，早晚敬拜福德正神以招財利市、求之皆應，盡可能少管閒事，否則易生口舌是非。

【宜…祈福福德正神、財寶天王】

●天狗…天狗星入命，出外易水土不合、夜行不利、有損傷、有車關、犯喪門、多煩勞心、病痛流血之憂、有利考試運。

【宜…祈福天上聖母、二郎神君】

●病符…此年勿探病、勿食喪家食物、身體易不安、謀事難如意、保守舊業為宜、免致浮沈不定而損財、要防小人、勿使身體疲勞過度為宜。

【宜：祈福神農大帝、藥師佛】

從P25命盤中可看出95年十二宮神煞走白虎，請查閱白虎的解釋

然後用什麼方法來解煞最好，請參考用之

從P25命盤中可看出96年十二宮神煞走福德，請查閱福德的解釋

然後用什麼方法來解煞最好，請參考用之

從P25命盤中可看出97年十二宮神煞走天狗，請查閱天狗的解釋

然後用什麼方法來解煞最好，請參考用之

從P25命盤中可看出98年十二宮神煞走病符，請查閱病符的解釋

然後用什麼方法來解煞最好，請參考用之

從P25命盤中可看出99年十二宮神煞走太歲，請查閱太歲的解釋

然後用什麼方法來解煞最好，請參考用之

第二十章

八字犯太歲或沖太歲或空亡如何解運？

運用奇門遁甲八字「轉運金牌法」來解太歲、空亡之凶運，有效喔！

流年犯太歲之補運法：

因每年都會有不同的人犯太歲，什麼是犯太歲呢？

例如95年屬狗年，那11、23、35、47、59、71、83、95年次（狗）都算是犯太歲。

◎ **在這段期間逢太歲降臨，就如同俗語所說：「太歲當頭坐，無端必有禍。」**

所以凡事小心為要，防車關、刀金之傷，小人容易近身，宜安奉太歲祈安自吉，外出遠行宜避免，破財損失、是非官司請多注意。

因狗年地支是「戌」，建議您可以用半三合的字「午」或六合的字「卯」之轉運金牌來將太歲合掉，這樣一來太歲的力量將減弱，對您的行運比較會有幫助。

PS：請用本書所附之八字軟體，檢查看看您今年有無犯太歲喔！

◎ **在這段期間逢太歲降臨、就如同俗語所說：「太歲當頭坐，無端必有禍。」**

例如96年屬豬年，那12、24、36、48、60、72、84、96年次（豬）都算是犯太歲。

所以凡事小心為要，在今年要注意意外血光、破財損失、是非官司。

因豬年地支是「亥」，建議您可以用半三合的字【卯】或六合的字「寅」之轉運金牌來將太歲合掉，這樣一來太歲的力量將減弱，對您的行運比較會有幫助。

以下以此類推，如懶得換算請用本書所附之軟體算算看就可一目了然。

流年歲破（沖太歲）之補運法：

例如95年屬狗年，那05、17、29、41、53、65、77、89年次（龍）都算是沖太歲。

◎在這段期間逢歲破降臨，就如同俗語所說：「太歲當頭坐，無端必有禍。」

所以凡事小心爲要，在今年要注意意外血光、破財損失、是非官司。

因沖狗年的地支是「辰」，建議您可以用半三合的字「子」或六合的字「酉」的轉運金牌來將沖太歲的字合掉，這樣一來就不會有事來干擾太歲了，日後對您的行運比較會有幫助。

PS：請用本書所附之八字軟體，檢查看看您今年有無犯太歲喔！

例如96年屬豬年，那06、18、30、42、54、66、78、90年次（蛇）都算是沖太歲。

◎在這段期間逢歲破降臨，就如同俗語所說：「太歲當頭坐，無端必有禍。」

所以凡事小心爲要，在今年要注意意外血光、破財損失、是非官司。

因沖豬年的地支是「巳」，建議您可以用半三合的字「酉」或六合的字「申」的轉運金牌來將沖太歲的字合掉，這樣一來就不會有事來干擾太歲了，日後對您的行運比較會有幫助。

以下以此類推，如懶得換算請用本書所附之軟體算算看就可一目了然。

第二十一章

本命八字空亡補運法（很重要）

「空亡」代表運勢減半、助力消失、阻力增加，如不將其合掉或沖掉，此生在某方面將有遺憾產生，空亡分本命年空及日空亡，如何轉運？

P26 命盤範例

土 32
劫財 比肩 2 3

11 火 — 正印 偏印 2 0 — 食神 傷官 0 0 — 金 3

正官 七殺 0 1 — 正財 偏財 0 0

12 木 — 水 2

姓名	P26			性別	女
西元	1958 年				
9	2	5	47		國曆
9	14	3	47		農曆

	時	日	月	年	日期
主星	比肩	日元	正印	劫財	主星
天干	己 土	己 土	丙 火	戊 土	天干
地支	巳 火	卯 木	辰 土	戌 土	地支
藏干	庚戊丙 金土火	乙 木	癸乙戊 水木土	丁辛戊 火金土	藏干
副星	傷官 劫財 正印	七殺	偏財 七殺 劫財	偏印 食神 劫財	副星
十二運星	帝旺 49-64	病 33-48	衰 17-32	養 1-16	十二運星

合 — 害 — 沖

特星神煞	
49-64	陽驛龍紅角馬德鸞
33-48	進將元桃神星辰花
17-32	紅歲鸞破
1-16	魁月罡破
	孤辰

出生後8個月又29天交大運

星座：金牛座
喜神：金水木
忌神：土火木
用神：金水
格局：七殺格
命宮：己未
胎元：丁未
胎息：甲戌
天運五行：木

空亡：辰巳申酉
血型：AB

104 (58歲)	101 (55歲)	98 (52歲)	95 (49歲)	92 (46歲)	年
乙未 比肩	壬辰 正財劫財	己丑 比肩	丙戌 正印劫財	癸未 偏財比肩	干支 神煞
福德	歲破	太陰	太歲	福德	神煞
105 (59歲)	102 (56歲)	99 (53歲)	96 (50歲)	93 (47歲)	年
丙申 正印傷官	癸巳 偏財正印	庚寅 傷官正財	丁亥 偏財正財	甲申 正官傷官	干支 神煞
天狗	龍德	五鬼	太陽	天狗	神煞
106 (60歲)	103 (57歲)	100 (54歲)	97 (51歲)	94 (48歲)	年
丁酉 偏印食神	甲午 正官食神	辛卯 食神七殺	戊子 劫財偏財	乙酉 比肩食神	干支 神煞
病符	白虎	小耗	喪門	病符	神煞

79-88	69-78	59-68	49-58	39-48	29-38	19-28	9-18	歲
戊申	己酉	庚戌	辛亥	壬子	癸丑	甲寅	乙卯	大運

◎在本命的四柱地支中逢空亡，該柱所代表的現象及事物所有好事、壞事都減半，個人的思維較混亂，壓力也會比較重，凡事都施展不開。

1、如果您的命盤「年柱」空亡，代表此生得自長輩、父母親以及工作上司的助力會很少，也就是得不到長上的強大幫助。

建議您可以用一個「」字的轉運金牌來將空亡合掉或沖掉，這樣一來空亡的力量將減弱，對您的行運會有幫助。

2、如果您的命盤「月柱」空亡，代表此生在兄弟姊妹或父母親的助力不大，以及本人內心的特性及創意性全被空亡壓抑，使得才能無法發揮。

建議您可以用一個「」字的轉運金牌來將空亡合掉或沖掉，這樣一來空亡的力量將減弱，對您的行運會有幫助。

3、如果您的命盤「日柱」空亡，代表此生你在外界的表現無法很理想也無法很如願，且配偶的幫助也不大，如果要改變此情況，建議您可以用一個「」字的轉運金牌來將空亡合掉或沖掉，這樣一來空亡的力量將減弱對您的行運會有幫助。

4、如果您的命盤「時柱」空亡，代表此生在事業、家庭、人際關係及子孫、學生、部

屬、員工之間的對待無法得到滿意的狀況，且相互的助力也不大，如果要改善此情況，建議您可以用一個「」字的轉運金牌來將空亡合掉或沖掉，這樣一來空亡的力量將減弱，對您的行運會有幫助。

PS：請用本書所附之八字軟體，檢查看看您本命四柱有無空亡喔！

從P26命盤中可看出月柱空亡

由命盤得知你的「月柱」空亡，代表此生得自兄弟姊妹或父母親的助力不大，以及本人內心的特性及創意性全被空亡壓抑，使得才能無法發揮。

從P26命盤中可看出時柱空亡

由命盤得知你的「時柱」空亡，代表此生在事業、家庭、人際關係及子孫、學生、部屬、員工之間的對待無法得到滿意的狀況，且相互的助力也不大。

本命八字流年空亡補運法

◎如果在今年期間逢空亡，代表所有好事都減半，助力也消失怠盡，個人的思維也較混亂，生活壓力也會比較重，如有此現象，建議您可以用一個「」字的轉運金牌來將空亡合掉

或沖掉，這樣一來空亡的力量將減弱，對您的行運比較會有幫助。

PS：請用本書所附之八字軟體，檢查看看您今年歲運及四柱有無空亡現象喔！

第二十一章 本命八字空亡補運法（很重要）

第二十二章

轉運金牌「奇門遁八字」運用

原理與法則

「四柱八字」爲先天落土時本身所帶來的，所以命不能改。

但世上一切能改變現狀的俗稱「運」，確定是可以改變的。

當您發現本身八字結構不佳或運途不順時，是可以用奇門遁八字方式來改變原本的磁場，運用去強補弱、洩、藥、通關的原理來達到改運的效果，學八字的人都知道：

八字中有十神：有五神是正神、有五神是偏神。

正神是：比肩、食神、正財、正官、正印。

偏神是：劫財、傷官、偏財、七殺、偏印。

以四柱八字原理，命盤中的正神或偏神都是好的，而有錯的是正神、偏神。

過多「偏旺」或過少「偏枯」對命造本身就不好，會影響流年、大運之走勢，那如何才能改變命造不佳的狀況呢？建議您可以運用奇門遁八字的原理來開運、改運。

八字命造有太多組合，所以會產生很多很多現象，以下就針對幾種人人都關心的現實問題來解盤，如果不好時要怎麼來處理呢？

運用轉運金牌的原理：有好幾種狀況，解法也有多種方法。

本單元先就十種問題一一闡述。

332

第一節　八字中有過多的正神（三個以上）

以P27命盤爲例，我們可以一目了然看出五行中的金「正官」有三顆，似乎已過多了，也代表是命中的忌神，所以能運用奇門遁八字「轉運金牌」的作用、原理將其中一個合掉，那鐵定對命照本身具有很大的幫助，如發生在其他正神原理、道理一樣，所以只要您懂此原理，將可運用八字奇遁來趨吉避凶了。

正官的特性如爲喜神請看優點，如爲忌神請看缺點：本命造因正官太多缺點就顯現無遺，所以需看缺點部分，優點部分就會少很多

優點：命中帶有重名聲、爲人忠心、順從、有理性、誠實、重聲望、守法、有責任感、守成、頭腦好、作事業穩定、有光明正大的心態、理性守信守法、會有好名氣、是人人心中的好朋友、在職位或官位上較易高升、考試較易上榜、官訟較易勝訴、易得長官提拔、未婚女性較易有戀愛及婚嫁緣。

缺點：本命中帶有不積極、不易有功名、爲人愛面子、優柔寡斷、難有發展、要求多、是非多或會有名譽上之毀謗、降職、失業、與上司不合、考試落榜、求職不順、

受上司之責備、連累等。女性失戀或婚姻不順等煩惱與困擾。

解：可用三會、三合或半三合或六合或六沖之方法，將其中一個正官作處理，讓它不會過旺，就可由忌神變喜神、由凶轉吉，優點就會顯現，缺點就會減低。

P27 命盤

五行分布圖

- 木 5：比肩 10 / 劫財 10
- 水 7：正印 10 / 偏印 10
- 火 5：食神 01 / 傷官 01
- 土 9：正財 01 / 偏財 01
- 金 34：正官 31 / 七殺 31

天運五行：火
胎息：壬子
命宮：癸亥
格局：正官格
血型：A
空亡：子丑
喜用神：木 水
忌神：金
星座：處女座

出生後3年9個月又15天交大運

姓名 P27				性別 女
西元		1978 年		
17	19	9	67	國曆
17	17	8	67	農曆
時	日	月	年	日期
正印	日元	正官剋	偏財	主星
癸水	甲木	辛金	戊土	天干
酉金	申金	酉金	午火	地支
辛 金	戊壬庚 土水金	辛 金	己丁 土火	藏干
正官	偏偏七 財印殺	正官	正傷 財官	副星
胎 49-64	絕 33-48	胎 17-32	死 1-16	十二運星
飛六勾紅刀厄絞鸞 桃流花貴	喪門	飛六勾紅刀厄絞鸞 桃流花貴	紅鸞	特星神煞

74-83	64-73	54-63	44-53	34-43	24-33	14-23	4-13	歲
癸丑	甲寅	乙卯	丙辰	丁巳	戊午	己未	庚申	大運

104 (38歲)	101 (35歲)	98 (32歲)	95 (29歲)	92 (26歲)	年
乙未 劫正 財財	壬辰 偏正 印財	己丑 正正 財財	丙戌 食偏 神財	癸未 正正 印財	干支
太陽	天狗	龍德	五鬼	太陽	神煞
105 (39歲)	102 (36歲)	99 (33歲)	96 (30歲)	93 (27歲)	年
丙申 食七 神殺	癸巳 正傷 印官	庚寅 七比 殺肩	丁亥 傷偏 官印	甲申 比七 肩殺	干支
喪門	病符	白虎	小耗	喪門	神煞
106 (40歲)	103 (37歲)	100 (34歲)	97 (31歲)	94 (28歲)	年
丁酉 傷正 官官	甲午 比傷 肩官	辛卯 正劫 官財	戊子 偏正 財印	乙酉 劫正 財官	干支
太陰	歲破	福德	歲破	太陰	神煞

334

第二節　八字中有兩個（相同）或以上的偏神

以P28命盤為例，我們可以一目了然看出五行中的水「傷官」有兩顆，五行中的土「偏印」有三顆是乎已過多了，代表有傷官、剋官以及梟印奪食（偏印剋食神）的現象、所以能運用奇門遁八字「轉運金牌」的作用、原理將其中一個合掉，那鐵定對命造本身具有很大的幫助，如發生在其它偏神原理、道理一樣、所以只要您懂此原理，將可運用八字奇遁來趨吉避凶了。

傷官的特性請看缺點部分

缺點：命中帶有愛面子、驕傲、自滿、自以為是、易有官非甚或刑訟坐牢、易有感情因素而產生糾紛、較會自我推銷、喜自我主張且不易妥協、重名聲、虛榮心強、好勝心強、猜疑的特性、過分感情用事、女人容易對丈夫不滿、男人對事業不順、易以不正當手段求財而惹官非、任性、多小人是非、易得罪他人、易受子女或部屬之連累、或為部屬或子女事而煩憂等等。

偏印的特性也請看缺點部分

335

缺點：命中帶有愛插嘴、容易刺激人家、孤僻、抽象化、較被動、粗心、較孤獨、較冷淡、喜怒不形於色、容易否定別人的想法與作法的特性、不易得長上之助益、又易與長輩或顧客發生誤會、事業甚至財務皆不順遂、易有損失、易蒙不白之冤、事事多阻滯、有志難伸、孤立無援、女命較常會爲子女之事操煩。

解：可用三會、三合或半三合或六合或六沖之方法將其中一個偏神處理掉，讓它不會造成傷害，那原命局的殺傷力就不會那麼大了。

P28 命盤

金 7
比肩 10　劫財
偏印 0　正印 3
15 土
正官 0　七殺 0
水 25
食神 0　傷官 2
木 7
正財 1　偏財 0
6 火

姓名	P28			性別	女
西元	1964 年				
國曆	23	27	12	53	
農曆	23	24	11	53	
日期	時	日	月	年	

					日期
主星	偏印	日元	七殺	偏財	
天干	戊土	庚金	丙火	甲木	
地支	子水	戌土	子水	辰土	
藏干	癸水	丁辛戊	癸水	癸乙戊	
副星	傷官	正劫偏 官財印	傷官	傷正偏 官財印	

十二運星	死 49-64	衰 33-48	死 17-32	養 1-16
特星神煞	陽血白金刀虎匯	華紅金蓋盤典破	陽血白金刀虎匯	日流破霞
		十惡童星		魁星

星座：山羊座
血型：AB
空亡：寅卯
喜用神：金土
忌神：水火
格局：食神格
命宮：戊辰
胎元：丁卯
胎息：乙卯
天運五行：火

出生後6年6個月又11天交大運

年	干支	神煞	年	干支	神煞	年	干支	神煞
104 (52歲)	乙未 正財 正印	太陰	101 (49歲)	壬辰 食神 偏印	太歲	98 (46歲)	己丑 正印 正官	福德
								歲破
105 (53歲)	丙申 七殺 偏官	五鬼	102 (50歲)	癸巳 傷官 七殺	太陽	99 (47歲)	庚寅 比肩 偏財	天狗
								龍德
106 (54歲)	丁酉 正官 劫財	小耗	103 (51歲)	甲午 偏財 正官	喪門	100 (48歲)	辛卯 劫財 正財	病符
								白虎

92 (40歲) 癸未 傷官 正印 太陽
93 (41歲) 甲午 偏財 正官 五鬼
94 (42歲) 乙巳 正財 七殺 小耗

78/87	68/77	58/67	48/57	38/47	28/37	18/27	8/17	歲
戊辰	己巳	庚午	辛未	壬申	癸酉	甲戌	乙亥	大運

第三節　八字中有缺正神者可補上一個正神（很重要）

以P29命盤為例，我們可以一目了然看出五行中缺水「正財」、五行中缺木「正官」。

所以如能運用奇門遁八字「轉運金牌」的作用、原理將其正財與正官補上，那鐵定對命造本身具有很大的幫助，如發生在其他正神原理、道理一樣，所以只要您懂此原理，將可運用八字奇遁來趨吉避凶了。

◎ **如果能適時補上正財，那正財的優點就會顯現出來。**

優點：命中帶有愛熱鬧、有異性緣也很有賺錢機會、做事穩重、重視未來、賺錢機會多、工作較穩定、較有家庭責任、好溝通的特性。男命有女人緣也有菩薩心腸、自己所擁有的也希望旁邊的人擁有、財運好、未成家者易有戀愛、財源穩定、事業多利、喜歡掌握、想擁有、有企劃能力、重視規劃、但心性上會較現實、功利心重、慾望較高、易購置不動產。

◎ **如果能適時補上正官，那正官的優點就會顯現出來。**

優點：命中帶有重名聲、為人忠心、順從、有理性、誠實、重聲望、守法、有責任感、

第二十二章　轉運金牌「奇門遁八字」運用原理與法則

337

守成、重地位、頭腦好、事業穩定、有光明正大的心態、理性守信守法、會有好名氣、是人人心中的好朋友、在職位或官位上較易高升、考試較易上榜、官訟較易勝訴、易得長官提拔。如果在命局中發現缺了某一正神，以致行運走到時也無法完全發揮其特性及好運的力道，所以能適實補上喜用之正神，那對其行運會有很大的幫助喔。

P29
命盤

（命盤圓圖）
火 17　土 20　金 23
木 0　水 0
比肩 1　劫財 1
正印 1　偏印 2
食神 1　傷官 2
正官 1　七殺 0
正財 1　偏財 0

姓名	P29			性別	男
西元	1957 年				
國曆	11	24	10	46	日期
農曆	11	2	9	46	
	時	日	月	年	
主星	傷官	日元	傷官	偏印	
天干	庚金	己土	庚金	丁火	
地支	午火	巳火	戌土	酉金	
藏干	己丁	庚戊丙	丁辛戊	辛	
副星	比偏印	傷劫官財印	偏食劫印神財	食神	
十二運星	臨官49-64	帝旺33-48	養17-32	長生1-16	
特星神煞	桃花福德紅神花德貫 流霞	血白刃虎	魁罡	將學文星堂昌	

半三合（巳戌）　半三合（午巳）　害（戌酉）

星座：天蠍座
忌神：土火
喜用神：水木
空亡：辰巳戌亥
血型：B型
格局：偏印格
命宮：壬子
胎元：辛丑
胎息：甲申
天運五行：火

出生後5年2個月又7天交大運

	76-85	66-75	56-65	46-55	36-45	26-35	16-25	6-15	大運
	壬寅	癸卯	甲辰	乙巳	丙午	丁未	戊申	己酉	

104(59歲)	101(56歲)	98(53歲)	95(50歲)	92(47歲)	年干支
乙未 比肩	壬辰 正財劫財	己丑 比肩	丙戌 劫財	癸未 偏財比肩	干支
天狗	龍德	五鬼	太陽	天狗	神煞
105(60歲)	102(57歲)	99(54歲)	96(51歲)	93(48歲)	年干支
丙申 正印傷官	癸巳 偏財正印	庚寅 傷官正官	丁亥 正官	甲申 正官傷官	干支
病符	白虎	小耗	喪門	病符	神煞
106(61歲)	103(58歲)	100(55歲)	97(52歲)	94(49歲)	年干支
丁酉 食神	甲午 正官食神	辛卯 食神偏財	戊子 劫財偏財	乙酉 七殺食神	干支
太歲	福德	歲破	太陰	太歲	神煞

第四節　空亡影響本命表運勢最大，如何運用轉運金牌來改變

以P30命盤為例，我們可以一目了然看出四柱地支都呈現空亡的狀況，所以能運用奇門遁八字「轉運金牌」的作用，原理將其空亡處理掉，那鐵定對命造本身具有很大的幫助。

1、由命盤得知你的「年柱卯」空亡，代表此生來自長輩、父母親以及工作上司的助力會很少，也就是得不到長上的強大幫助；

2、由命盤得知你的「月柱辰」空亡，代表此生來自兄弟姊妹或父母親的助力不大，以及本人內心的特性及創意性全被空亡壓抑、使得才能無法發揮；

3、由命盤得知你的「日柱巳」空亡，代表此生你在外界的表現無法很理想也無法很如願，且配偶的幫助也不大。

4、由命盤得知你的「時柱卯」空亡，代表此生在事業、家庭、人際關係及子孫、學生、部屬、員工之間的對待無法得到滿意的狀況，且相互的助力也不大。

解：可用三會、三合或半三合或六合或六沖之方法，將其空亡處理掉，讓它不會將運勢罩住，那在行運上就能有所發揮。

五行統計（圓盤）

```
          木 25
        比肩 劫財
          3  0
 水 7              火 10
正印 偏印      食神 傷官
 0   1          0   2
 金 1              土 17
正官 七殺      正財 偏財
 0   0          1   1
```

命盤資料

姓名 P30				性別 男
西元		1963 年		
5	2	5	52	國曆
5	9	4	52	農曆
時	日	月	年	日期
偏財	日元	傷官	偏印	主星
己(土)	乙(木)	丙(火)	癸(水)	天干
卯(木)	巳(火)	辰(土)	卯(木)	地支
乙(木)	庚戊丙(金土火)	癸乙戊(水木土)	乙(木)	藏干
比肩	正官 正財 傷官	偏印 比肩 正財	比肩	副星
臨官 49-64	沐浴 33-48	冠帶 17-32	臨官 1-16	十二運星
祿神 伏吟 神吟匱	血刃 沐浴 金輿 喪門 孤鸞	寡宿 羊刃	祿神	特星神煞
79–88	59–68	39–48	19–28	
69–78	49–58	29–38	9–18	歲
戊申 己酉	庚戌 辛亥	壬子 癸丑	甲寅 乙卯	大運

命理註記

出生後8年9個月又13天交大運

空亡：辰巳寅卯

星座：金牛座
血型：A
格局：偏印格
命宮：辛酉
胎元：丁未
胎息：
天運五行：庚申 金

喜神：火金
用神：
忌神：木

流年

104 (53歲)	101 (50歲)	98 (47歲)	95 (44歲)	92 (41歲)	
乙未 比肩偏財	壬辰 正印正財	己丑 偏財偏財	丙戌 傷官正財	癸未 偏印偏財	年干支
五鬼	太陽	天狗	龍德	五鬼	神煞

105 (54歲)	102 (51歲)	99 (48歲)	96 (45歲)	93 (42歲)	
丙申 傷官正官	癸巳 偏印傷官	庚寅 正官劫財	丁亥 食神正印	甲申 劫財正官	年干支
小耗	喪門	病符	白虎	小耗	神煞

106 (55歲)	103 (52歲)	100 (49歲)	97 (46歲)	94 (43歲)	
丁酉 食神七殺	甲午 劫財食神	辛卯 七殺比肩	戊子 正財偏印	乙酉 比肩七殺	年干支
歲破	太陰	太歲	福德	歲破	神煞

第五節 如果要「求」文昌學問者，可用補正印或正官方式求得

如果在命局中發現缺了某一個學業文昌星，以致在求學、求官的過程中，無法完全發揮其特性及好運的力量，所以能適時補上文昌之喜用正神，那對其行運會有很大的幫助喔。以P31命盤爲例，我們可以一目了然看出缺金「正官」、缺水「正印」，可能會影響學業及官運（長官緣），因爲這兩個宮位是掌管學業及官運、事業，當然也必須考慮（食傷星的喜忌），因爲食傷星代表才華。

解：所以如能運用奇門遁八字「轉運金牌」的作用、原理將其正印與正官補上、那鐵定對命造本身具有很大的幫助，只要您懂此原理，將可運用八字奇遁來趨吉避凶了。

五行分布圖（以木為頂順時針）

```
              木 16
           比肩  劫財
            1    1
 6                    22
 水    正印 偏印   食神 傷官    火
       0    1     1    2
           正官 七殺   正財 偏財
            0    0     1    1
 0 金              土 16
```

姓名 P31			性別 女	
西元		1967 年		
22	9	6	56	國曆
22	2	5	56	農曆
時	日	月	年	日期
劫財	日元	食神	傷官	主星
乙木	甲木	丙火	丁火	天干
亥水	辰土	午火	未土	地支
甲壬	癸乙戊	己丁	乙己丁	藏干
木水	水木土	土火	木火土	
比偏	正劫偏	正傷	劫正傷	副星
肩印	印財財	財官	財官財	
長生 49-64	衰 33-48	死 17-32	墓 1-16	十二運星
亡神 學堂 天乙貴人 五鬼 金輿 隔角	血刃 紅豔 月德 六厄貴人	將星 金輿 福德 興德 日	天乙貴人 天庫	特星神煞

地支：午未合　半三合

80–89	70–79	60–69	50–59	40–49	30–39	20–29	10–19	大運
甲寅	癸丑	壬子	辛亥	庚戌	己酉	戊申	丁未	

左側資訊：

- 出生後9年4個月又30天交大運
- 天運五行：己酉水
- 胎息：丁酉
- 胎元：壬子
- 命宮：壬子
- 格局：傷官格
- 血型：O
- 空亡：寅卯
- 用神：火土
- 喜神：木水
- 忌神：寅卯
- 星座：雙子座

流年表：

104 (49歲)	101 (46歲)	98 (43歲)	95 (40歲)	92 (37歲)	年
乙未 劫財正財	壬辰 偏印偏財	己丑 正財正財	丙戌 食神偏財	癸未 正印正財	干支
太歲	福德	歲破	太陰	太歲	神煞
105 (50歲)	102 (47歲)	99 (44歲)	96 (41歲)	93 (38歲)	年
丙申 食神七殺	癸巳 正印食神	庚寅 七殺比肩	丁亥 傷官偏印	甲申 比肩七殺	干支
太陽	天狗	龍德	五鬼	太陽	神煞
106 (51歲)	103 (48歲)	100 (45歲)	97 (42歲)	94 (39歲)	年
丁酉 傷官正官	甲午 比肩傷官	辛卯 正官劫財	戊子 偏財正印	乙酉 劫財正官	干支
喪門	病符	白虎	小耗	喪門	神煞

第六節　流年凶神來合或來沖本命時，也可用轉運金牌來解決

以P32命盤爲例，我們可以一目了然看出民國98年走土運（偏印）而且是忌神，走忌神運運勢會比較差，同時可能會發生以下事情。

缺點：本年會有愛插嘴、容易刺激人家、同情心少、孤僻、不喜煩雜、抽象化、較被動、粗心、較孤獨、較冷淡、喜怒不流露在外、較不易贊同別人的想法的特性、不易得長上之助益、易與長輩與客人發生誤會、事業甚至財務皆不順遂、易有損失、易蒙不白之冤、事事多阻滯、有志難伸、孤立無援、女命常會爲子女之事憂心。

所以能運用奇門遁八字「轉運金牌」的原理，將流年偏印合掉，那鐵定對命造本身具有很大的幫助，所以只要您懂此原理，將可運用八字奇遁來趨吉避凶了。

解：可用三會、三合或半三合或六合或六沖之方法，將流年偏印合掉，讓它不會過旺，就可將忌神力量降低。

金 18
比肩 劫財
3　0

土 20
正印 偏印
1　2

水 6
食神 傷官
0　1

火 4
正官 七殺
0　0

木 12
正財 偏財
1　0

天運五行：火
胎息：丙辰
胎元：壬戌
命宮：乙亥
格局：偏印格
血型：A
空亡：寅卯子丑
用神：水木火
忌神：金土
星座：巨蟹座

出生後1年5個月又27天交大運

姓名	P32		性別	女
西元	1964 年			

				日期
22	11	7	53	國曆
22	3	6	53	農曆
時	日	月	年	
偏印	日元	比肩	正財	主星
己土	辛金	辛金	甲木	天干
亥水	酉金	未土	辰土	地支
甲壬	辛	乙丁己	癸乙戊	藏干
木水	金	木火土	水木土	
正財 傷官	比肩	偏財 七殺 偏印	食神 偏財 正印	副星
沐浴 49-64	臨官 33-48	衰 17-32	墓 1-16	十二運星
月德合 天德合 龍德 紅鸞	祿神 血刃 元辰 桃花	寡宿 勾絞	墓庫 飛刃 月德貴人 天德貴人	特星神煞
隔角 驛馬 沐浴 金 將星 紅鸞				

地支合：亥未三合、未辰、辰亥合

								大運
72 | 81	62 | 71	52 | 61	42 | 51	32 | 41	22 | 31	12 | 21	2 | 11	歲
癸亥	甲子	乙丑	丙寅	丁卯	戊辰	己巳	庚午	大運

104 (52歲)	101 (49歲)	98 (46歲)	95 (43歲)	92 (40歲)	年
乙未 偏財 偏印	壬辰 傷官 正印	己丑 偏印 偏印	丙戌 正官 正印	癸未 食神 偏印	干支
太陰	太歲	福德	歲破	太陰	神煞
105 (53歲)	102 (50歲)	99 (47歲)	96 (44歲)	93 (41歲)	年
丙申 正官 劫財	癸巳 食神 正官	庚寅 劫財 正財	丁亥 七殺 傷官	甲申 正財 劫財	干支
五鬼	太陽	天狗	龍德	五鬼	神煞
106 (54歲)	103 (51歲)	100 (48歲)	97 (45歲)	94 (42歲)	年
丁酉 七殺 比肩	甲午 正財 七殺	辛卯 比肩 偏財	戊子 正印 食神	乙酉 偏財 比肩	干支
小耗	喪門	病符	白虎	小耗	神煞

第七節　「求」流年行大運，可搭配流年所需之十神來補運

如果想在流年求一個好運勢，可以用補流年喜神用神的方式將其好運之十神代表之干支，用事先借運方式補上，那對其流年行運會有很大的幫助喔。

以P33命盤為例，我們可以看出民國95年上半年走丙火運（比肩運）而且是忌神，下半年走戌土運（食神運）是為閒神。

解：如果想在95年求大財時就可用「轉運金牌」的原理補上一個「正財辛或酉」，讓尚未走到的財運用奇遁的方式提前走到。

如補上正財後，會比較有異性緣，也很有賺錢機會、做事固定、重視未來、賺錢機會多、工作較穩定、較有家庭責任、好溝通的特性、菩薩心腸、自己有時也希望旁邊的人擁有、財運好、未成家者易有戀愛、財源穩定、事業多利、喜歡掌握、想擁有、有企劃能力、重視未來、慾望較高、比較容易購置不動產。

火 23
比肩 劫財 2 1
木 16　正印 偏印 0 2　食神 傷官 0 2　土 16
正官 七殺 0 0　正財 偏財 0 1
水 0　　金 5

	時	日	月	年	日期
姓名	P33		性別	女	
西元		1979 年			
國曆	4	8	2	68	
農曆	4	12	1	68	
主星	偏財	日元	比肩	傷官	
天干	庚（金）	丙（火）	丙（火）	己（土）	
地支	寅（木）	午（火）	寅（木）	未（土）	
藏干	戊丙甲（土火木）	己丁（土火）	戊丙甲（土火木）	乙己丁（木火土）	
副星	食比偏 神肩印	傷劫 官財	食比偏 神肩印	正劫偏 印財官	
十二運星	長生 49-64	帝旺 33-48	長生 17-32	衰 1-16	
特星神煞	學元龍天堂辰喜貴人／紅盤	將羊刀六星厄貴人／孤六秀日	月元龍天德辰喜貴人／紅學盤堂	流金霞興	

（天干：庚—丙 剋；地支：寅—午 半三合、午—寅 半三合；地支年月：未—寅 合）

天運五行：火
胎息：辛未
胎元：丁巳
命宮：丁丑
格局：建祿格
血型：AB
空亡：子丑
喜用神：金水木
忌神：火木
星座：水瓶座
出生後8年9個月又12天交大運

年					
104(37歲)	101(34歲)	98(31歲)	95(28歲)	92(25歲)	年
乙未 正印傷官	壬辰 七殺食神	己丑 傷官傷官	丙戌 比肩食神	癸未 正官傷官	干支
太歲	福德	歲破	太陰	太歲	神煞
105(38歲)	102(35歲)	99(32歲)	96(29歲)	93(26歲)	年
丙申 比肩偏財	癸巳 正官比肩	庚寅 偏財偏印	丁亥 劫財七殺	甲申 偏印偏財	干支
太陽	天狗	龍德	五鬼	太陽	神煞
106(39歲)	103(36歲)	100(33歲)	97(30歲)	94(27歲)	年
丁酉 劫財正財	甲午 偏印劫財	辛卯 正財正印	戊子 食神正官	乙酉 正財正財	干支
喪門	病符	白虎	小耗	喪門	神煞

79-88	69-78	59-68	49-58	39-48	29-38	19-28	9-18	歲
甲戌	癸酉	壬申	辛未	庚午	己巳	戊辰	丁卯	大運

第八節　地支有太多的花、馬、庫屬不佳命格，可用轉運金牌改變

如果在命局地支中發現有相同之子午卯酉（花）、寅申巳亥（馬）或辰戌丑未（庫），那就屬偏某一種格，對命造會有不良的影響、可用轉運金牌改變其命格喔。

以P34命盤為例，我們可以看出，地支中有三隻馬…申、申、巳（驛馬星）。

代表此人藝高膽大，勞碌奔波。如沒有合，只會亂衝，不懂收成，錢開不住，開車很快，較會走大路。有車關，易生車禍，手腳較會有問題，多情，愛管閒事。

但該員本身有巳申合，大約可以合掉以上現象約50％以上的功效率，但尚需注意有50％的現象還需要用八字奇遁的方式來改善，才能彌補先天八字的缺憾。

解：可用三會、三合或半三合或六合或六沖之方法，將先天太多的子午卯酉（花）、寅申巳亥（馬）或辰戌丑未（庫）除掉，讓它不會過旺，就可將不順的力量降低。

木 13
比肩　劫財
　　11
水 9　正印　偏印 10　　食神　傷官 21　火 20
　　正官　七殺 02　　正財　偏財 00
金 12　　　　　土 6

出生後 3 年 9 個月又 9 天交大運

胎運五行：己巳火	胎息：甲申	命宮：丁酉
格局：食神格	血型：AB	空亡：辰巳午未
喜用神：木水	忌神：火	星座：金牛座

姓名	P34		性別	女
西元		1956 年		
5	17	5	45	國曆
5	8	4	45	農曆
時	日	月	年	日期
傷官	日元	正印	食神	主星
丁火	甲木 ←剋 癸水	癸水	丙火	天干
卯木	申金 ←合	巳火 合	申金	地支
乙木	戊壬庚土水金	庚戊丙金土火	戊壬庚土水金	藏干
劫財	偏財 偏印 七殺	七殺 偏財 食神	偏財 偏印 七殺	副星
	帝旺 49-64	絕 33-48	病 17-32	絕 1-16	十二運星
	羊六龍刀厄德	血伏刀刃吟	文劫福昌煞德	血天刀德合	特星神煞

74	64	54	44	34	24	14	4	歲
83	73	63	53	43	33	23	13	
乙酉	丙戌	丁亥	戊子	己丑	庚寅	辛卯	壬辰	大運

104 (60歲)	101 (57歲)	98 (54歲)	95 (51歲)	92 (48歲)	年
乙未 劫財 正財	壬辰 偏印 偏財	己丑 正財 正財	丙戌 食神 偏財	癸未 正印 正財	干支 神煞
病符	白虎	小耗	喪門	病符	神煞
105 (61歲)	102 (58歲)	99 (55歲)	96 (52歲)	93 (49歲)	年
丙申 食神 七殺	癸巳 正印 食神	庚寅 七殺 比肩	丁亥 傷官 偏印	甲申 比肩 七殺	干支 神煞
太歲	福德	歲破	太陰	太歲	神煞
106 (62歲)	103 (59歲)	100 (56歲)	97 (53歲)	94 (50歲)	年
丁酉 傷官 正官	甲午 比肩 傷官	辛卯 正官 劫財	戊子 偏財 正印	乙酉 劫財 正官	干支 神煞
太陽	天狗	龍德	五鬼	太陽	神煞

第九節　男性求姻緣、桃花可用沖日支或補正財方式求得
　　　　女性求姻緣、桃花可用沖日支或補正官方式求得

以P35命盤為例，我們可以看出該男性如果想要有更多的女人緣或想結婚，可能需要用八字奇遁的方式將先天的妻位及姻緣位補修好才比較有機會喔。

因男人的妻星是正財，但命盤中並沒見到財星，所以只要補上命中所缺丁、午火（正財），即可明正言順有財星了，機會自然就會比較多喔。

◎ **如果能適時補上正財，那正財的優點就會顯現出來。**

比較重視未來、賺錢機會多、工作較穩定、較有家庭責任、男命有女人緣也有菩薩心腸、財運好、未成家者易有戀愛或結婚機會、財源穩定、事業多利。

另一種補法就是用沖的，八字命盤中的配偶宮在日支、如果能找機會沖動日支就有機會叫配偶趕快出現，該員之日支為「子」，所以可用一個「午」字的轉運金牌來沖動配偶宮，那對姻緣桃花就會有很大的幫助了。

其他命例均照此方法來解……如何運用就看您了。

第二十二章　轉運金牌「奇門遁八字」運用原理與法則

水 18
比肩 劫財
 1   2
正印 偏印
 30
金 32　　木 0
食神 傷官
 0   0
正官 七殺
 2   0
正財 偏財
 0   0
土 10　　火 0

天運五行：土
胎息：丁丑
胎元：甲子
命宮：甲戌
格局：正印格
血型：A
空亡：寅卯寅卯
用神：木火土
忌神：水金
星座：天秤座

出生後8年10個月又5天交大運

姓名	P35		性別	男
西元	1969 年			

17	4	10	58	國曆
17	23	8	58	農曆
時	日	月	年	日期
正官	日元	劫財	正官	主星
己土	壬水	癸水	己土	天干
酉金	子水	酉金	酉金	地支
辛金	癸水	辛金	辛金	藏干
正印	劫財	正印	正印	副星
沐浴 49-64	帝旺 33-48	沐浴 17-32	沐浴 1-16	十二運星
桃沐伏金花浴吟匱	紅六勾天豔厄絞喜　孤將羊鸞星刃	桃沐伏金花浴吟匱	桃沐花浴	特星神煞

（地支：刑子水、刑）

104 (47歲)	101 (44歲)	98 (41歲)	95 (38歲)	92 (35歲)	年
乙未 傷官正官	壬辰 比肩七殺	己丑 正官正官	丙戌 偏財七殺	癸未 劫財正官	干支
天狗	龍德	五鬼	太陽	天狗	神煞
105 (48歲)	102 (45歲)	99 (42歲)	96 (39歲)	93 (36歲)	年
丙申 偏財偏印	癸巳 劫財偏財	庚寅 偏印食神	丁亥 正財比肩	甲午 食神偏財	干支
病符	白虎	小耗	喪門	病符	神煞
106 (49歲)	103 (46歲)	100 (43歲)	97 (40歲)	94 (37歲)	年
丁酉 正財正印	甲午 食神正財	辛卯 正印傷官	戊子 七殺劫財	乙酉 傷官正印	干支
太歲	福德	歲破	太陰	太歲	神煞

79–88	69–78	59–68	49–58	39–48	29–38	19–28	9–18	歲
乙丑	丙寅	丁卯	戊辰	己巳	庚午	辛未	壬申	大運

350

以P36命盤為例，我們可以看出該女性如果想要有更多的男人緣或想結婚，可能需要用八字奇遁的方式將先天的夫位及姻緣位補修好才比較有機會喔。

因女人的夫星是正官星，但命盤中並沒見到官殺星，所以只要補上命中所缺金、辛或酉（官殺），即可名正言順有夫星了，機會自然就會比較多喔。

◎ **如果能適時補上正官，那正官的優點就會跳脫出來。**

就會有這種現象，為人忠心、有理性、誠實、重聲望、守法、有責任感、守成、重地位、頭腦好、事業穩定、有光明正大的心態、理性守信守法、會有好名氣、是人人心中的好朋友、在職位或官位上較易高升、考試較易上榜、官訟較易勝訴、易得長官提拔、未婚女性較易有戀愛及婚嫁緣之機會。

另一種補法就是用沖的，八字命盤中的配偶宮在日支，如果能找機會沖動日支就有機會叫配偶趕快出現，該員之日支為「辰」，所以可用一個「戌」字的轉運金牌來沖動配偶宮，那對姻緣桃花就會有很大的幫助了。

其他命例均照此方法來解⋯⋯如何運用就看您了。

351

木 20
比肩　劫財
2　　1
正印　偏印　　食神　傷官
0　　0　　　1　　1
正官　七殺　　正財　偏財
0　　0　　　0　　3
水 1
火 14
金 4
土 21

天運五行：己酉
胎息：己丑
胎元：辛卯
命宮：辛卯
格局：偏財格
血型：B
空亡：戌亥寅卯
喜用神：水土
忌神：火土
星座：天蠍座

出生後6年1個月又9天交大運

姓名	P36			性別	女
西元	1986 年				
6	27	10	75		國曆
6	24	9	75		農曆
時	日	月	年		日期
傷官	日元	偏財	食神		主星
丁火	甲木	戊土	丙火		天干
卯木	辰土	戌土	寅木		地支
乙木	癸乙戊 水木土	丁辛戊 火金土	戊丙甲 土火木		藏干
劫財	正劫偏 印財財	傷正偏 官官財	偏食比 財神肩		副星
帝旺 49-64	衰 33-48	養 17-32	臨官 1-16		十二運星
羊刃 桃花	華金月喪 蓋興破門 十靈日	魁日白 罡破虎	驛祿天月天 馬德德貴貴 貴人人		特星神煞
77 | 86	67 | 76	57 | 66	47 | 56	37 | 46	27 | 36	17 | 26	7 | 16	歲
庚寅	辛卯	壬辰	癸巳	甲午	乙未	丙申	丁酉	大運

104 (30歲)	101 (27歲)	98 (24歲)	95 (21歲)	92 (18歲)	年
乙 劫財 未 正財	壬 偏印 辰 偏財	己 正印 丑 正財	丙 食神 戌 偏財	癸 正印 巳 正財	干支
小耗	喪門	病符	白虎	小耗	神煞
105 (31歲)	102 (28歲)	99 (25歲)	96 (22歲)	93 (19歲)	年
丙 食神 申 七殺	癸 正印 巳 食神	庚 七殺 寅 比肩	丁 傷官 亥 偏印	甲 比肩 午 七殺	干支
歲破	太陰	太歲	福德	歲破	神煞
106 (32歲)	103 (29歲)	100 (26歲)	97 (23歲)	94 (20歲)	年
丁 傷官 酉 正官	甲 比肩 午 傷官	辛 正官 卯 劫財	戊 偏財 子 正印	乙 劫財 酉 正官	干支
龍德	五鬼	太陽	天狗	龍德	神煞

第十節 命盤中有過多沖、剋、合、害表命格不佳，可用轉運金牌改變

以P36命盤爲例，月干與時干相剋、年干與時干相剋、月干與日干相合、年支與月支相沖現象、月支與日支呈相害現象、日支與時支呈相害現象、年支與時支呈相沖現象，在這個命盤上發現有太多的沖、剋、合、害，表示一生多波折，至於這些現象會有怎樣的情形，請看《學八字》這本最好用》就有詳細的說明。

其實不用說：大家都知道，命盤中如有太多的沖、剋、刑、合、害，對命造本身就比較不那麼平順，請用轉運金牌來改變其先天命格喔。

至於哪一些宮位該合、該沖，也可觀看本中心特別製做的八字奇門遁甲「轉運金牌DVD】教學片。

P37 命盤

土 19
比肩 劫財 20
火 20　正印 偏印 12　食神 傷官 01　金 6
木 5　正官 七殺 10　正財 偏財 01　水 10

出生後 5 年 2 個月又 25 天交大運

天運五行：甲子水
胎息：乙酉
胎元：壬辰
命宮：建祿
格局：建祿格
血型：0
空亡：申酉
用神：金水木
喜神：土火木
忌神：土火
星座：雙子座

姓名	P37		性別	男
西元		1996 年		

	時	日	月	年	日期
國曆	11	21	6	85	
農曆	11	6	5	85	
	時	日	月	年	日期
主星	傷官	日元	正官	正印	主星
天干	庚 金	剋 己 土	甲 木	丙 火	天干
			合 剋		
地支	午 火	刑 丑 土	合 午 火	子 水	地支
		害	害 沖		
藏干	己丁	辛癸己	己丁	癸	藏干
	土 火	金水土	土 火	水	
副星	比偏 肩印	食偏比 神財肩	比偏 肩印	偏財	副星
十二運星	臨官 49-64	墓 33-48	臨官 17-32	絕 1-16	十二運星
特星神煞	流祿災歲 霞神煞破 桃花	六華墓飛 秀蓋庫刃 日	流祿災歲 霞神煞破 桃花	天月德 破德 貴人 貴人	特星神煞

歲	76 85	66 75	56 65	46 55	36 45	26 35	16 25	6 15
大運	壬寅	辛丑	庚子	己亥	戊戌	丁酉	丙申	乙未

104 (20歲)	101 (17歲)	98 (14歲)	95 (11歲)	92 (8歲)	年
乙未 比肩	壬辰 正財 劫財	己丑 比肩	丙戌 正印 劫財	癸未 正財 比肩	干支
龍德	五鬼	太陽	天狗	龍德	神煞
105 (21歲)	102 (18歲)	99 (15歲)	96 (12歲)	93 (9歲)	年
丙申 正印 傷官	癸巳 正財 正印	庚寅 傷官 正官	丁亥 偏印 正財	甲申 正官 傷官	干支
白虎	小耗	喪門	病符	白虎	神煞
106 (22歲)	103 (19歲)	100 (16歲)	97 (13歲)	94 (10歲)	年
丁酉 偏印 食神	甲午 正官 偏印	辛卯 食神 七殺	戊子 劫財 正財	乙酉 七殺 食神	干支
福德	歲破	太陰	太歲	福德	神煞

「轉運金牌」（奇門遁八字）之轉運原理

PS：用合的原則下可用三會、六合或三合或半三合，都可選用，但有一重要原則就是，當其合化後之五行，最好是其命造之喜用神。

經過長時間印證，用上述方式來解八字本命之缺點，效果相當顯著，信則靈。

〈天干五合〉	〈六合〉	〈三合〉	〈三合〉	〈三會局〉	〈六沖〉
甲己合化土	子丑合化土	申子辰—水	申子—水	寅卯辰合化木	子午
乙庚合化金	午未合化火	寅午戌—火	子辰—水	巳午未合化火	丑未
丙辛合化水	卯戌合化火	巳酉丑—金	寅午—火	申酉戌合化金	寅申
丁壬合化木	辰酉合化金	亥卯未—木	午戌—火	亥子丑合化水	卯酉
戊癸合化火	巳申合化水		巳酉—金	辰戌丑未歸土	辰戌
	寅亥合化木		酉丑—金		巳亥
			亥卯—木		
			卯未—木		

以力量大小依序為　三會＞三合＞半三合＞六合

PS　最後也希望對「轉運金牌」（字奇門遁八字）有不明瞭者可來電互相研究。

本中心也有研發「轉運金牌」以提供讀者開運、改運，可來電洽詢

可上網瞭解　網址：www.abab.com.tw或www.131.com.tw

第十一節　由日元直接查出各天干及地支的十神代表字元

以下將各種日主五行分類及其十神所代表的干支分別列出，以方便讀者迅速查到資料，

在運用轉運金牌時方可迅速比對，才能正確診斷而對症下藥來改善命局不佳之狀況。

第十二節 轉運金牌開光步驟與應用

拿至本身所信奉或尊敬的廟宇或神壇或土地公廟過香火或用金罡指指開光，先報上姓名、地址，然後在心中默唸所求之事後，按下方文案唸完，再用金罡指指向金牌，即可完成開光手續。

請照以下咒語唸：

身中諸內境。三萬六千神。動作履行藏、前劫並後業、願我身自在。常住三寶中，當於劫壞時、我身常不滅，頌此真文時、身心口業皆清淨，先請太陽神君、太陰星娘娘開敕「太陽和月亮」，再奉請五路財神、福德正神……等降敕轉運金牌

讓持護之人、財入黃金萬兩……降納千祥、心想事成大賺錢、急急如律令勅

「轉運金牌」內鑲印有密教「吉祥八寶」法螺、法輪、寶傘、白蓋、蓮花、寶瓶、金魚、盤長】及般若波羅蜜多心經。

如需轉運金牌之各項資料請洽老師處取得

本中心有錄製八字論命初、中、高批命教學DVD共50單元、八字進階論命課程DVD13

單元，全部採現場上課錄影方式錄製，有老師與學生互動提問，易學易懂，保證是市面上最詳實、詳盡的教材，也保證您一定學的會，老師也絕不保留將八字的開運、改運方法全部在課程中解說，也有詳實的講義，保證日後輔導。

本中心也研發一套八字論命軟體（號稱內容最詳細、最精準的論命軟体），想擁有一套不用學八字就可以批出精準八字流年命書，不想學八字但想要瞭解命運者，或是您已有在幫朋友、客戶批八字者，這是一套值得您擁有的好工具，買這一套準沒錯。

吉祥坊易經開運中心服務項目

項目	價格
一、命理諮詢附八字詳批，奇門遁甲用事方位一個月	1800 元
二、命名、改名，附改前、改後命書流年一本	2680 元
三、一般開市、搬家、動土、擇日，附奇門遁甲擇日	1200 元
四、嫁娶合婚擇日，附新郎、新娘八字命書一本	3600 元
五、剖腹生產擇日，附 72 張時辰命盤優先順序	3600 元
六、陽宅鑑定及規劃佈局，附男、女主人八字命書一本	4800 元
七、開運印鑑，附八字流年命書一本	4500 元
八、吉祥印鑑	1800 元
九、助運名片設計製作，附八字流年命書一本	2680 元
十、八字命理班招生初、中、高階（共 50 小時）	讀者特優惠
十一、陽宅規劃班招生初、中、高階（共 60 小時）	讀者特優惠
十二、姓名學招生（23 小時）	讀者特優惠
十三、其他教學 VCD 或開運物品上網查閱	
十四、八字、擇日及婚課、奇門遁甲、姓名學、數字等軟體	請上網流覽

本中心也提供（免費）網上即時論八字、姓名、數字吉凶等等。

網址：www.abab.com.tw

服務處：台中市西屯區西屯路二段 297 之 8 巷 78 號（逢甲公園旁）

TEL：04-24521393   FAX：04-24513496

E-mail：w257@yahoo.com.tw

感謝各位讀者購買本書

凡上網登錄為本中心會員可享每月開運寶典秘法電子報，許多是用錢都買不到的知識喔！

周易道玄養生堂負責人

黃輝石 著作

活學妙用易經64卦　　　**活學活用生活易經**　　**學會易經‧占卜的第一本書**

中國古老智慧，一生必讀經　　輕鬆霑濡《易經》的博大精　　易經占卜最權威，最暢銷的一
典。　　　　　　　　　　　　深。　　　　　　　　　　　　本書，引領您輕鬆進入易經占
　　　　　　　　　　　　　　　　　　　　　　　　　　　　卜的世界。

定價：350 元　　　　　定價：260 元　　　　　　定價：300 元

黃輝石
◎祖籍台灣嘉義朴子，一九五八年生。　　◎早年興趣頗為廣泛，研究過堪輿、紫微
◎東方工專工管科畢業、中華道教學院研　　　、八字、姓名學、奇門遁甲、六壬神
　究生。　　　　　　　　　　　　　　　　式、手面相、道教神學、易經卜卦等。
◎現任周易道玄養生堂負責人、中華道教　　◎人生志願：希望能研究出一套簡捷的方
　學院易經講師、中華道教學院校友會第　　　法，讓易經生活化。
　二屆會長。

國家圖書館出版品預行編目資料

大師教你論八字／黃恆堉著.
－－第一版－－臺北市：知青頻道出版；
紅螞蟻圖書發行，2007〔民96〕
面　　公分－－（Easy Quick；76）
ISBN 978-986-6905-25-4（平裝附光碟）

1.命書

293.1　　　　　　　　　　　96000050

Easy Quick 76

大師教你論八字

作　　者／黃恆堉
發 行 人／賴秀珍
總 編 輯／何南輝
特約編輯／林芊玲
美術編輯／林美琪
出　　版／知青頻道出版有限公司
發　　行／紅螞蟻圖書有限公司
地　　址／台北市內湖區舊宗路二段121巷19號（紅螞蟻資訊大樓）
網　　站／www.e-redant.com
郵撥帳號／1604621-1　紅螞蟻圖書有限公司
電　　話／(02)2795-3656（代表號）
傳　　真／(02)2795-4100
登 記 證／局版北市業字第796號
法律顧問／許晏賓律師
印 刷 廠／卡樂彩色製版印刷有限公司
出版日期／2007年2月　第一版第一刷
　　　　　　2023年8月　　　　第八刷（500本）

定價 350 元　　港幣 117 元

ISBN 978-986-6905-25-4　　　　　Printed in Taiwan